EXPOSITION ABRÉGÉE

DES CARACTERES

DE LA VRAIE RELIGION.

EXPOSITION ABRÉGÉE

DES

CARACTERES

DE LA VRAIE RELIGION.

Par le R. P. GERDIL, Barnabite,
Précepteur du Prince de Piémont ;

POUR SERVIR D'INTRODUCTION
A LA DOCTRINE CHRÉTIENNE.

Traduite de l'Italien par le P. DELIVOY Barnabite,
sur la seconde édition faite à Turin en 1767,
augmentée de Notes &c, par l'Auteur.

A PARIS,

Chez HERISSANT le Fils, rue Saint-Jacques.

M. DCC. LXX.
Avec Approbation & Privilége du Roi.

Le célèbre Auteur de l'ouvrage dont je présente la
Traduction, non moins re-
commandable par sa mo-
destie que par la vaste étendue de ses lumières, a desiré
que ma plume accompa-
gnât la sienne. J'aurois eu
de quoi m'effrayer de l'entreprise, si je n'eusse cru,
en marchant sur ses pas &
à l'ombre de son nom, avoir
pour moi les auspices les
plus favorables. Connu de-

puis long-tems en France par la multitude de ſes ex-cellens Ecrits dans tous les genres de littérature & de ſcience, le Pere Gerdil y jouit univerſellement de cette eſtime que donne le mérite le plus diſtingué; & ſi rien peut en rehauſſer le prix, c'eſt ſans doute l'uſage qu'il fait de ſon profond ſçavoir en l'em-ployant principalement à faire triompher tantôt la ſaine morale, tantôt les dogmes ſacrés de la Religion des atteintes de l'erreur qui marche tête levée, ou des prestiges séduisans d'une vaine Philosophie. Ici, Ministre zèlé du Temple du Seigneur, il en ouvre l'entrée aux plus simples, & par une marche unie les conduit jusqu'à son sanctuaire. Mais, à travers cette simplicité même, on reconnoît toujours la touche du grand Maître, & jusque dans le langage familier on retrouve les traits qui caractèrisent le

génie. Que me faudroit-il
de plus pour établir ma
confiance, & me faire ef-
pérer que le Public rece-
vra avec plaifir cette Ex-
pofition des Caractères de
la vraie Religion, & fera
grace à la Traduction en
faveur de l'Ouvrage ?

CHARLES-VICTOR-AMÉDÉE DES LANCES,

Par la Miféricorde Divine ; Cardinal-Prêtre de la Sainte Eglife Romaine du Titre de Sainte Praxède , Archevêque de Nicofie , grand Aumônier du Roi , Abbé de l'Abbaye de Saint Bénigne , qui n'eft d'aucun diocèfe, Comte dudit Saint Bénigne , de Felletto & de Lombardore : A tous les Fidéles dépendans de notre Jurifdiction. SALUT en notre Seigneur Jefus-Chrift.

PARMI tant de foins & de devoirs dont eft chargé le miniftère paftoral, un des prin-

cipaux fans doute , eft de veiller à l'enfeignement de la Doctrine Chrétienne que les Apôtres ont prêchée , & qu'ils ont
recommandée à leurs fucceffeurs en leur en confiant le précieux dépôt, afin qu'ils la con-
fervaffent inviolablement dans
l'Eglife pour l'inftruction & la
fanctification des fidéles. En elle
eft contenu le véritable culte
dont l'homme eft redevable à
Dieu, comme à fon premier
principe & à fa derniere fin ;
culte que Dieu même a pref-
crit, & qui eft la fource de toute
piété, comme de toute véritable juftice qui conduit au falut.
Par elle éclairé & dirigé, l'entendement humain apprend à

ne penſer que ſaintement de
Dieu & des choſes de Dieu, à
connoître les vrais biens qu'il
peut eſpérer de ſon infinie miſéricorde, à obſerver les préceptes de ſa très - ſainte Loi,
pour faire le bien & éviter le
mal , à participer dignement
aux tréſors infinis des graces &
des mérites de Jeſus-Chriſt, par
leſquels lui étant unis comme à
notre Chef, & purifiés de tous
nos péchés , nous recevons l'in-
fluence & l'effuſion de ſon Eſprit pour nous nourrir , nous faire croître ſpirituellement dans
ſon corps myſtique , & nous
faire produire en abondance les
fruits de la vie éternelle. C'eſt
dans cette vue que nous nous

ſommes déterminés à rendre public un nouvel abrégé de la Doctrine Chrétienne pour l'uſage & l'utilité des fideles ſoumis à notre juriſdiction, ſelon la méthode & le plan qu'a ſuivis le Cardinal Bellarmin, & qu'en dernier lieu le Pape Benoît XIV a propoſée préférablement à toute autre, & particulierement recommandée. La clarté, la brièveté & la préciſion, avec leſquelles les principales vérités & les maximes les plus importantes de l'inſtruction chrétienne ont été recueillies dans cet ouvrage, en ont rendu l'uſage familier & preſque univerſel dans toutes les parties de l'Italie : c'eſt pourquoi en choiſiſſant cette mé-

thode, nous nous sommes propo-
sés sur-tout de conserver avec
la plus grande exactitude, qu'il
est possible d'y mettre, l'uni-
formité si desirée, non - seulement dans la substance des
choses, qui sont enseignées
comme appartenantes à la Religion, mais encore dans la manière de les enseigner. Nous en-
trons par-là dans l'esprit de l'A-
pôtre saint Paul, qui recom-
mande si étroitement aux Difciples de Jesus-Christ une unanimité parfaite dans les sentimens & dans le tour même des
expressions, pour resserrer &
manifester d'autant plus leur
union par le lien & la profession d'une même foi ; & comme

il n'eſt que trop évident , & nous ne pouvons le diſſimuler, que nous nous trouvons arrivés à ces tems malheureux où le même Apôtre a prédit qu'il s'éleveroit des hommes audacieux & inquiets, amateurs des nouveautés profanes, qui faiſant parade d'une ſcience vaine , ennemie des Loix & de l'autorité qu'elle mépriſe , répandroient des dogmes pervers & artificieux, s'efforçant de ſéduire les ſimples, & d'enlever à Jeſus-Chriſt un très - grand nombre d'ames qu'il a rachetées de ſon ſang précieux, nous avons cru auſſi qu'il convenoit à notre ſollicitude paſtorale , & au zèle dont nous ſommes animés pour

le falut des ames confiées à nos
foins , de mettre à la tête de
l'expofé de la Doctrine Chrétienne, que nous donnons un
effai fur les caractères des vérités
éclatantes à la lumière def-
quelles on eft forcé de reconnoître qu'elle eft émanée de
Dieu, & qui la diftinguent avec
tant davantage des fuperftitions
& des fauffes opinions des hommes. Nous nous fommes fer-
vis pour cela de la main du
Pere Gerdil , Clerc Régulier
de faint Paul, Perfonnage re-
commandable par l'élévation
de fon génie, la vafte étendue
de fon érudition , la jufteffe &
la fubtilité de fa Critique, dont
le nom eft fi célébre , non-

feulement dans les Etats de notre Augufte Souverain, qui par un choix digne de la fupériorité de fon difcernement, l'a fait Précepteur du Prince de Piémont, mais encore dans toute l'Italie & au-delà des Alpes, par quantité d'excellens Ouvrages qu'il a donnés tant en Latin qu'en François & en Italien pour la défenfe de la Religion, la confervation des bonnes mœurs & l'honneur de la Patrie. Nous recommandons à nos Curés & à tous ceux qui tiennent de nous quelque portion du miniftère paftoral d'en faire ufage, felon la capacité, la portéé & l'ouverture d'efprit de leurs élèves, pour les inftruire peu à peu de l'origine, de l'antiquité, des progrès & de la perpétuité de la Religion fainte que nous proferrons, de même que des preuves fenfibles que nous avons de la protection toute-puiffante que Dieu a donnée à fon établiffement, fa propagation & fa confervation invariable. La connoiffance du prix ineftimable & des avantages de la Religion, & des merveilles éclatantes par lefquelles le Très-haut s'eft plu à affurer la vérité des témoignages qu'il lui a rendus, fait comme une partie de l'inftruction chrétienne, & a pour objet de donner aux Fideles une idée d'autant plus grande de la difpenfation des divins Myftères, & de la faveur ineffable que Dieu leur a faite en leur accordant la grace de pouvoir y participer. Nous exhortons les Fideles confiés à nos foins, & les prions inftamment par les entrailles de la miféricorde de Jefus-Chrift, de profiter fans ceffe de falutaires inftructions de chriftianifme & de piété que nous leur préfentons, conformément au devoir de notre miniftère, comme la nourriture de leurs ames. Perfonne ne doit dédaigner de faire fa lecture & fa méditation ordinaire de ces premiers principes de la Doctrine Chrétienne, fous prétexte qu'il fait beau-

coup plus que ce qui y eſt contenu ; parce que la parole évangélique eſt une ſource inépui-
ſable de lumières, & que toutes
les fois qu'on y a recours, &
qu'on la médite avec les diſpo-
ſitions néceſſaires, on en re-
tire toujours des lumières plus
abondantes & des graces plus
fortes pour ſurmonter la cupi-
dité & gouter les fruits de la
vraie piété dans la pratique
conſtante des vertus, dans une
union intime de l'ame avec Dieu,
dans la paix que l'on aura avec
le prochain & avec ſoi-même,
& dans la plénitude des conſo-
lations de l'Eſprit Saint, au
milieu des peines & des tri-

bulations inévitables de cette
vie.

† *C. V. A. Card.* DES LANCES.

PRIVILÉGE DU ROI.

par le R. P. Gerdil , *traduite de l'Italien ;*
(& le second) *Lettres à Madame de S. R.*
sur les Réflexions morales mises en ordre
par M. Amelot de la Houssaie ; s'il Nous
plaisoit lui accorder nos Lettres de permission
pour ce nécessaires : A ces Causes , voulant
favorablement traiter l'Exposant , Nous lui
avons permis & permettons par ces Présentes
de faire imprimer ledit Ouvrage autant de
fois que bon lui semblera, & de le faire vendre
& débiter par tout notre Royaume pendant le
tems de trois années consécutives , à compter
du jour de la date des présentes. Faisons dé-
fenses à tous Imprimeurs , Libraires, & autres personnes, de quelque qualité & condition qu'elles soient , d'en introduire d'impression étrangere dans aucun lieu de notre
obéissance. A la charge que ces Présentes
seront enregistrées tout au long sur le Re-
gistre de la Communauté des Imprimeurs
& Libraires de Paris , dans trois mois de la
date d'icelles ; que l'impression de cet Ouvrage sera faite dans notre Royaume & non
ailleurs ; en bon papier & beaux caracteres, &
que l'Impétrant se conformera en tout aux ré-
glemens de la Librairie,& notamment à celui
du 10 Avril 1725 ; à peine de déchéance
de la présente permission : qu'avant de l'exposer en vente, le Manuscrit qui aura servi
de copie à l'impression dudit ouvrage, sera
remis dans le même état où l'Approbation
y aura été donné , ès mains de notre très-
cher & féal Chevalier , Chancelier Garde des

Sceaux de France, le Sieur DE MAUPEOU ; qu'il en fera enfuite remis deux Exemplaires dans notre Bibliothéque publique, un dans celle de notre Château du Louvre, & un dans celle dudit Sieur DE MAUPEOU ; le tout à peine de nullité des Préfentes. DU CONTENU DESQUELLES vous mandons & enjoignons de faire jouir l'Expofant & fes ayans caufes, pleinement & paifiblement, fans fouffrir qu'il leur foit fait aucuns troubles ou empêchemens. VOULONS qu'à la Copie des Préfentes, qui fera imprimée tout au long au commencement ou à la fin dudit Ouvrage, foi foit ajoutée comme à l'original. COMMANDONS au premier notre Huiffier ou Sergent fur ce requis, de faire pour l'exécution d'icelles tous Actes requis & néceffaires, fans demander autre permiffion, & nonobftant clameur de Haro, Charte Normande, & Lettres à ce contraires : CAR tel eft notre plaifir. DONNÉ à Fontainebleau, le mercredi vingt-cinquiéme jour du mois d'Octobre l'an de grace mil fept cent foixante - neuf, & de notre regne le cinquante-cinquiéme. Par le Roi, en fon Confeil.

Signé, LE BEGUE.

Je fouffigné céde & tranfporte le préfent Privilége au fieur Jean-Thomas HERISSANT, Libraire à Paris, rue Saint-Jacques, fuivant les conventions faites entre nous. A Paris, ce 7 Nov. 1769. *Signé* DELIVOY, Barnabite.

DE L'IMPRIMERIE DE Ph. D. PIERRES,
Imprimeur du Grand-Conſeil du Roi.

EXPOSITION ABRÉGÉE

DES CARACTERES

DE LA VRAIE RELIGION.

La Religion est nécessaire pour le bonheur de l'Homme.

DIALOGUE.

Le Maître & le Disciple.

Le D. JE vous rends graces, mon Pere, de l'affection que vous me marquez ; mais dites - moi, je vous prie, quel avantage retirerai-je de la doctrine dont vous voulez que

A

je m'inſtruiſe avec tant de ſoin ?

Le M. Ne deſirez-vous pas de bien vivre ſur la terre, & de jouir après votre mort d'une félicité éternelle

Le D. Je deſire certainement d'ê-re heureux ; mais la doctrine que vous voulez m'apprendre, me ſervira-t-elle à obtenir les richeſſes, les honneurs & les plaiſirs de ce monde ?

Le M. O mon Fils ! pouvez-vous croire que les plaiſirs, les grandeurs de ce monde ſoient jamais capables de rendre heureux ceux qui les poſſédent ?

Le D. Pourquoi non ?

Le M. Dites - moi, mon Fils, ſi ceux qui poſſédent ces prétendus avantages, au lieu d'avoir le cœur content, fatigués ſans ceſſe par mille idées chagrinantes, ne vivent que dans l'inquiétude, dans la crainte, & dans une espéce de tourment, croyez - vous qu'ils soient heureux ?

Le D. Non certainement.

Le M. Et s'il étoit des hommes, qui privés de ces biens, jouiffent néanmoins de la paix du cœur, ne les croiriez-vous pas plus heureux que les autres ?

Le D. Sans doute.

Le M. Sçavez-vous donc mon Fils, qu'on ne peut obtenir la véritable paix du cœur, & la tranquillité de l'esprit, que par le moyen des principes qui font contenus dans la doctrine que je vous propose d'étudier avec la plus grande application.

Le D. Voudriez-vous bien m'expliquer votre penfée que je n'entends pas affez.

A ij

Le M. Volontiers , mon Fils ; écoutez bien ſeulement ce que je vais vous dire. Ceux qui cherchent à ſe rendre heureux par la poſſeſſion des avantages & des biens de la terre , ſont dans une inquiétude d'eſprit continuelle pour augmenter ou pour acquérir des choſes qu'il n'eſt pas toujours en leur pouvoir d'obtenir. Arrive-t-il une fois qu'une entrepriſe réuſſiſſe après beaucoup de peine & de travail , cent autres fois enſuite les plus belles eſpérances échouent & s'en vont en fumée : alors l'eſprit ſe trouble ; on ſe chagrine , & l'on éprouve les déplaiſirs les plus amers. Si jamais vous venez à connoître ce que c'eſt que le monde , vous verrez que ce que je vous en dis eſt bien peu de choſe en comparaiſon de ce qui eſt en effet. Enfin, quand on se croit tenir le but que l'on se proposoit, & qu'on se flatte de jouir d'une félicité, dont on s'est formé les plus belles idées, la mort vient qui renverse & anéantit en un moment tout l'édifice ; on perd le fruit de tout ce qu'on a fait pendant cette vie, & on n'a rien fait pour l'autre.

Le D. Je crois, mon Pere, que tout ce que vous me dites est vrai, & que les biens de cette vie ne peuvent en effet établir l'ame dans une véritable paix.

Le M. Mon Fils, il n'y a que le repos de la conscience qui puisse faire la paix & la sérénité de l'ame. Qu'heureux est celui qui, en quelque état qu'il se trouve, peut se flatter avec confiance d'être dans la grace de Dieu, & qui peut se dire à lui-même : Je suis enfant de

Dieu, j'ai dans le ciel un bon Pere qui m'aime & qui m'affistera dans toutes les circonftances de cette vie, pour me conduire à fon royaume qu'il me fera poffeder éternellement.

Le D. Eft-il donc néceffaire pour acquérir la paix de l'ame, qu'elle foit l'unique objet qu'on fe propofe & de renoncer à toute penfée?

Le M. Dieu veut que chacun penfe & agiffe felon qu'il eft convenable à l'état où l'a placé la Providence ; mais dans tous les états il eft néceffaire de réprimer les paffions qui contiennent les germes des inclinations mauvaifes, & des inquiétudes de l'ame, d'ufer avec fobriété & difcrétion des biens de cette vie , & de regarder comme un grand tréfor de joindre à la piété cet efprit de modération quifç ait fe contenter de ce qui fuffit ; c'eſt là le moyen de vivre chrétienne-ment & honnêtement ſur la terre, d'y jouir dans une ſainte paix du bien que Dieu nous y accorde, & de ſe ſoutenir dans les adverſités, les diſgraces, par la penſée que Dieu voit ce que nous ſouffrons, qu'il nous aime, & que certaine-ment il ne nous abandonnera pas.

Le D. Comment dois-je faire, mon Pere, pour ſçavoir me former la régle de conduite dont vous me parlez ?

Le M. La manière de s'y pren-dre, mon Fils, eſt contenue dans la doctrine que je veux vous en-feigner, & apprenez d'abord qu'on l'appelle la Doctrine Chrétienne ; parce que c'eſt celle que Jeſus-Chriſt, Fils de Dieu, notre Ré-dempteur & notre Sauveur, eſt

venu apporter au monde pour retirer les hommes de la voie de la
perdition, & les conduire à la vie
éternelle.

Le D. Je fens s'élever dans mon
cœur un defir ardent de connoître
cette doctrine, je vous demande
en grace de ne pas différer à m'en
inftruire.

Le M. Je defire d'autant plus de
vous l'enfeigner que vous aimant
tendrement en Jefus-Chrift, je ne
fouhaite rien tant que votre avantage. Mais, mon Fils, vous ne com-
prenez peut-être pas encore affez
la faveur fignalée dont Dieu vous
a gratifié en vous faifant naître
dans le fein de fon Eglife. Combien n'y a-t-il pas d'hommes fur la
terre que Dieu, par des jugemens
toujours juftes, laiffe vivre dans
l'ignorance de la Religion fainte,

qui feule conduit à la fainteté &
à la vie éternelle.

Le D. Je comprends que ce font
les Juifs, les Turcs, & d'autres
qui n'ont point la connoiffance de
la vraie Religion.

Le M. C'eft, mon Fils, ce qui doit
vous faire reconnoître de plus en
plus la grace que Dieu vous a faite
en vous éclairant. Avez-vous plus
mérité qu'eux les lumières dont
vous jouiffez ? Gardez - vous de
vous en glorifier : craignez plutôt
que par votre ingratitude pour un
fi grand bienfait, vous n'attiriez fur
vous une condamnation bien plus
févère. Demandez inceffamment
au Seigneur qu'il daigne éclairer
ceux qui font dans les ténèbres,
& ouvrir leurs yeux à la lumière,
afin qu'ils reconnoiffent jufqu'à en
être touchés, les caractères écla-

tans qui diſtinguent la Religion véritable des fauſſes qu'ils profeſ-ſent.

Le D. Oſerois-je vous prier de m'expliquer quels ſont ces caractères ?

Le M. Très-volontiers, & laiſ-ſant pour le moment des ſujets plus relevés dont je vous aurois entretenu, je ne vous parlerai que de choſes qui peuvent convenir à la portée du commun des hom-mes, & vous en ſentirez mieux tout le prix de la Religion ſainte dont Dieu vous a fait la grace de faire profeſſion. Mais afin que vous puiſſiez mieux comprendre la force des preuves qui en démontrent la vérité, il eſt néceſſaire de vous en préſenter dans un court expoſé l'o-rigine & les progrès depuis la créa-tion du monde juſqu'au tems présent. Une ancienneté d'origine égale à celle du genre humain, & la perpétuité d'une succession non-interrompue, sont des caractères que les hommes ne peuvent donner à leurs inventions, à leurs ouvrages ; aucun homme ne pouvant ni disposer des événemens qui l'ont précédé, ni fixer & arrêter le cours des variations auxquelles sont sujettes toutes les choses humaines. Par conséquent la perpétuité de la Religion ne peut être que l'œuvre de celui qui a dans son pouvoir les tems & les événemens, & cette perpétuité que vous reconnoîtrez d'une manière si claire & si sensible dans la Religion sainte que nous professons, ne se trouve point en aucune autre ; conséquemment, en même-tems que vous remarquerez dans toutes les autres les caractères de cette inſtabilité, qui eſt inſéparable de l'homme & de tout ce qui lui eſt propre, vous ne pourrez que rendre hommage à l'immortalité de celleci & qui n'appartient qu'à elle, en y voyant éclater la vertu divine qui ne ceſſe jamais d'en prendre ſoin & de la ſoutenir.

De l'origine & des progrès de la Religion depuis la création du monde.

Création de l'homme dans l'état d'innocence, & ſa chûte.

D I E U créa l'homme dans l'état d'innocence, d'où étant tombé par ſa déſobéiſſance, l'homme encourut la diſgrace de Dieu, & y enveloppa avec lui toute ſa poſtérité.

Cependant Dieu, dont la miſéricorde eſt infinie, ne voulant pas abandonner le genre humain dans cet état de perdition, réfolut & promit de donner aux hommes un Rédempteur, par la médiation duquel ils puffent rentrer en grace avec lui, & recouvrer le droit à la vie éternelle qu'ils avoient perdu.

Réparation du genre humain, en vertu d'un Libérateur qui eft promis.

Depuis le péché d'Adam, à mefure que les hommes fe multiplièrent fur la terre, leurs iniquités fe multiplièrent auffi : néanmoins la connoiffance de Dieu & la foi au Rédempteur qu'il avoit promis, fe confervèrent dans quelques Juftes, qui fuccédèrent jufqu'au Patriarche Noé , que Dieu fauva dans l'Arche du déluge univerfel, par lequel il fubmergea la terre qui fe trouvoit toute fouillée des méchancetés des hommes.

Les iniquités des hommes punies par le déluge.

Noé préfervé.

Sem , fils aîné de Noé, & les Patriarches qui en furent les defcendans , confervèrent la même

foi pendant que l'idolâtrie se ré-
pandoit de plus en plus dans le
monde avec ses abominations. Pour
sauver son culte de l'oubli général
où il alloit tomber, Dieu jugea à
propos de choisir une famille où se
perpétuât successivement, comme
par droit d'hérédité, le souvenir
du Créateur & de ses œuvres, avec
la foi & l'espérance au Rédempteur
futur.

C'est ce qu'il fit par la vocation
d'Abraham, qu'il appella de la
Chaldée pour aller habiter dans la
terre de Chanaan. Il fit alliance
avec lui pour le combler de ses
bienfaits, de ses graces, & lui dé-
clara qu'il vouloit être son Dieu,
son Protecteur & sa récompense
infiniment grande.

Il lui promit particulièrement
trois choses : qu'il donneroit à

ſa poſtérité le pays où il l'avoit fait venir, qui fut appellé pour cela terre de Promiſſion (1) : qu'il le feroit devenir le Pere d'un grand Peuple, en multipliant ſes deſcendans en auſſi grand nombre que celui des étoiles du ciel, & des grains de ſable qui ſont au bord de la mer ; & que toutes les nations de la terre, après avoir été long-tems enveloppées dans les ténébres de l'idolâtrie, ſeroient bénies & rapellées à la connoiſſance de Dieu en un homme qui naîtroit de lui.

Dieu renouvella cette alliance avec Iſaac, fils d'Abraham, & avec Jacob fils d'Iſaac (2), & conſéquemment il ſe plut à être particulierement appellé le Dieu

Alliance de Dieu renouvellée avec Iſaac & Jacob.

____

(1) Gen. ch. 12, 15, 16, 17, 18, 22.
(2 Gen. c. 16, 18.

Prédiction de Jacob. d'Abraham, le Dieu d'Isaac & le Dieu de Jacob (1).

Jacob eut douze fils, que l'on appelle les douze Patriarches, qui furent Peres des douze Tribus d'Ifraël. Appellé en Egypte par son fils Jofeph, il y vint, & s'y établit avec fa famille.

Ce faint Patriarche avant que de mourir (1), bénit fes enfans, & prophétifa que le fceptre, c'eft-à-dire l'autorité royale, ne fortiroit point de Juda (2) jufqu'à ce que vint celui que Dieu avoit réfolu d'envoyer pour être le falut des nations & l'objet de leur attente.

Le nombre des Ifraélites s'accrut extraordinairement en Egypte, au point que les Egyptiens qui en de-

----

(1) Exod. 3, 6.
(2) Genef. 49.

vinrent jaloux, réſolurent de les exterminer, en les accablant du poids du plus dur eſclavage.

Pendant ce tems-là, les iniqui- Moyſe.
tés des Cananéens (1) augmentant toujours & ſe trouvant preſque à leur comble, Dieu, qui en avoit promis la terre aux Iſraélites, leur ſuſcita un Libérateur en la perſonne de Moïſe, pour les tirer de l'Egypte; comme il fit, en employant la force des prodiges les plus éclatans. Après avoir célébré la Pâque, & paſſé à pied ſec au milieu de la mer Rouge, dont les eaux ſe partagèrent pour leur ouvrir un chemin, ils entrèrent dans le déſert où ils demeurèrent quarante ans.

Là, Moïſe reçut ſur le mont

____

(1) Exod. c. 12, 14.

La Loi que Dieu donna sur le Mont Sinaï.

Sinaï les préceptes du Décalogue écrits de la main de Dieu (1) même sur des tables de pierre, & par son ordre institua les cérémonies de la Religion ; la succession du sacerdoce dans la famille d'Aaron son frère, les loix & la forme du gouvernement. Moïse annonça au peuple pour le tems à venir un Prophéte que Dieu devoit susciter de sa nation, & au milieu de sa nation, comme il l'avoit suscité lui-même, & il enjoignit de l'écouter en tout (2).

Josué introduit les Israélites dans la terre promise.

A Moïse succéda Josué, qui, après avoir passé le Jourdain à pieds secs, introduisit les Israélites dans la terre promise, & la partagea entre les Tribus. La succes-

---

(1) Exod. c. 19, 20 & suiv.
(2) Deut. 18.

fion du facerdoce continua , & à l'égard du gouvernement , Dieu fufcita des Juges l'un après l'autre felon le befoin (1) ; & ce qui eft bien remarquable , c'eft que felon les promeffes & les menaces que Moïfe avoit faites , la fidélité à obferver la loi fut toujours accompagnée d'une profpérité conftante , & que les tranfgreffions en furent punies par des châtimens éclatans. Dieu voulant donner à fon peuple une preuve vifible de fa Providence , toujours attentive à récompenfer la vertu & à punir le péché.

Le dernier des Juges fut Samuël. Ce fut fous lui que les Ifraélites demandèrent des Rois pour les gouverner. Après Saül Dieu choi-

Succeffion des Juges.

Le royaume donné & affuré à la famille de David.

____

(1) Deuter. c. 30.

fit David, fils de Jeffé, de la tribu de Juda, qu'il avoit formé felon fon cœur. Il voulut, non-feulement affurer le royaume à fa famille, mais encore faire naître de fa race le Meffie promis aux Patriarches. Ce Roi, qui fut en même-tems Prophéte, éclairé des lumières de l'Efprit Saint, a prédit dans fes Pfeaumes les humiliations & les grandeurs de ce Fils à jamais béni (1) ; & découvrit que toutes les nations feroient bénies en lui, felon la promeffe faite à Abraham ; que les Rois l'adoreroient, & que la Majefté du Dieu d'Ifraël rempliroit toute la terre.

Salomon bâtit le temple.

Il fut réfervé à Salomon, fils de David, qui régna en paix, d'avoir la gloire d'élever dans Jéru-

____

(1) Pf. 71, 11.

falem un temple d'une magnificence extraordinaire , qui fut le feul lieu où Dieu fut honoré par un culte public.

Les dix tribus fe féparèrent fous fon fils Roboam. Celui - ci & tous fes defcendans iffus de David comme lui , continuèrent à régner fucceffivement fur les deux tribus de Juda & de Benjamin. Les autres formèrent le royaume appellé d'Ifraël & de Samarie.

Il parut en ce tems plufieurs Prophétes , entr'autres Ifaïe, qui prophétifa du tems d'Achaz & d'Ezéchias, Rois de Juda (1); il prédit auffi les humiliations & les grandeurs du rejetton béni de la race de Jeffé, ou de David, dont les plaies devoient opérer notre gué-

____

(1) If. 11 , 42 , 42, 53, 55, 60, 66.

rifon à tous , & que Dieu avoit deftiné à faire connoître fon faint nom aux nations les plus éloignées & dans la poftérité la plus reculée.

Les prévarications du royaume d'Ifraël irritèrent la colère de Dieu qui le livra en proie à Sal-manafar , Roi des Affyriens. Les dix tribus furent tranfportées à Ni-nive , & difperfées fans efpérance d'être jamais réunies. Cependant le royaume de Juda fe foute-noit , & felon l'oracle de Jacob , devoit fubfifter en corps de nation jufqu'à la venue du Meffie. Ce royaume n'étoit pas exempt de corruption ; il s'y commettoit les plus grandes iniquités. En vain Dieu fit annoncer par fon Pro-phéte Jérémie (1) qu'il étoit prêt à

Difperfion d'Ifraël.

Captivité de Babylone.

______

(1) Jérem. 21, 25, 26.

les châtier ; le peuple ne voulut
pas profiter de ſes avis pour appai-
ſer le Seigneur par la pénitence , &
Nabuchodonoſor vint, ſelon la prédiction du Prophéte, prit & détruiſit
Jéruſalem , brûla le temple & le
ſanctuaire, & emmena à Babylone,
la capitale de ſon empire , tout ce
qu'il y avoit de mieux parmi le
peuple. Cette tranſmigration fut
pour les Juifs un jugement de la
juſtice de Dieu pour les punir, &
non pour les exterminer. Dieu
même proteſta qu'il ne vouloit que
châtier ſon peuple , mais qu'il ne
vouloit pas le détruire. Jérémie
prédiſit que la tranſmigration du-
reroit ſoixante & dix ans, après
leſquelles Dieu viſiteroit ſon peuple , & le rameneroit dans la terre
de ſes Peres. En même tems ce
Prophéte annonça que la ville de

Babylone éprouveroit les terribles effets de la vengeance divine, après que Dieu s'en feroit servi pour châtier son peuple; que cette ville superbe feroit traitée comme l'avoit été Sodome & Gomorre (1); qu'elle feroit réduite en un trifte défert, à fervir uniquement de retraite aux ferpens; & qu'un tems viendroit qu'on n'en trouveroit aucun veftige.

Toutes ces prophéties furent accomplies. Les foixante & dix années de la captivité étant paffées, Dieu fufcita Cyrus, Roi de Perfe, qu'il avoit déja fait annoncer d'avance par le prophéte Ifaïe, comme celui qu'il avoit choifi pour être le miniftre & l'exécuteur de fes décrets. Cyrus prit (2) Babylone

Délivrance des Juifs.

***

(1) Jér. 50, 11. If. 13. (2) If. 44, 45.

lone dans le tems que Balthazar, qui en étoit Roi, profanoit dans un festin sacrilége les vases du temple de Jérusalem (1), Babylone fut tout d'un coup entiérement déchue du haut dégré de puissance & de gloire où elle étoit élevée, & par la suite des tems s'est trouvée tellement anéantie, que depuis plusieurs siécles on ne sçait pas même où elle a existé.

Babylone prise & ruinée.

Babylone prise, Cyrus délivra les Juifs, & les renvoya honorablement dans leur pays sous la conduite de Zorobabel, Prince de la race de David & de Jesu, fils de Josedec, grand Prêtre, avec un plein pouvoir de rebâtir le temple. Ils mirent la main à l'œuvre, & comme les plus anciens de la

Retour des Juifs.

Le temple rebâti.

––––––––––––––

(1) Dan. 5.

B

nation (1), déploroient, sans pouvoir se consoler, de voir le second temple si inférieur au premier en magnificence ; Dieu les rassura par la prophétie d'Aggée (2), qui prédit que la gloire du second temple surpasseroit de beaucoup celle du premier , lorsque le désiré des Nations y seroit venu.

Rétablissement des murs de Jérusalem.

Les Juifs obtinrent des rescrits favorables des successeurs de Cyrus , non-seulement pour rebâtir le temple , mais encore pour relever les murs de Jérusalem. C'est de cette époque que l'on commence à compter les soixante &

Les soixante & dix semaines de Daniel.

dix semaines que le Prophéte Daniel (3) avoit prédit devoir s'écouler jusqu'au Messie ; ajoutant

(1) 1. Esdr. c. 3. v. 12.
(2) Agg. 2.
(3) Dan. 9.

qu'il feroit mis à mort au milieu de la derniere femaine, & qu'enfuite le peuple Juif feroit rejetté, que la ville & le fanctuaire feroient détruits.

Pendant qu'on rebâtiffoit Jéru-falem, Efdras, Docteur de la loi, & Néhémias, furent prépofés pour gouverner le peuple, réformer les abus, & remettre en vigueur l'obfervation de la loi. Dans le même tems quelques Ifraélites des dix tribus qui étoient revenus à Samarie, fouilloient le culte de Dieu par les fuperftitions qu'ils y mêloient, & dès lors commença l'antipathie qu'il y eut toujours entre les Juifs & les Samaritains.

Cependant Efdras revit, & mit en ordre les livres de l'Ecriture fainte, & les tranfcrivit en caractères chaldaïques qui étoient de venus en usage chez les Juifs depuis qu'ils avoient demeuré à Babylone. Mais les Samaritains conservèrent toujours les livres de Moïse en caractères hébraïques comme ils avoient été écrits anciennement.

Prophéties de Zacharie & de Malachie.

Dieu suscita encore en ce tems-là les Prophétes Zacharie & Malachie qui prédirent la vocation des Gentils à la connoissance de Dieu , & le second annonça particulièrement que le nom du Seigneur seroit grand chez toutes les nations , & que depuis le lever du soleil jusqu'à son coucher on lui sacrifieroit en tous lieux , & qu'on lui offriroit une oblation très-pure.

Le Seigneur ayant éclairé ce peuple par tant d'oracles , non-seulement sur la venue du Messie ,

mais encore fur le tems où il devoit venir, fur les caractères de fa
prédication & les effets qu'elle devoit avoir, mit fin au miniftère des
Prophetes. Les Juifs jouirent d'une
longue paix fous les Rois de Perfe
fucceffeurs de Cyrus. La tribu de
Juda, à laquelle étoient unis une
grande partie des Lévites, & la
petite tribu de Benjamin, fubfi-
ftoit en corps de nation, & con-
fervoit toujours l'autorité royale.

L'empire des Perfes ayant été
transféré aux Grecs, les fucceffeurs d'Alexandre firent éprouver
aux Juifs de cruelles perfécutions ;
ce fut fur-tout fous le régne d'An-
tiochus, furnommé l'Illuftre, qu'ils
eurent plus à fouffrir de la tyrannie.
En ce tems - là le faint vieillard
Eléazar & les fept freres Macha- Les Macha-
bées, d'un âge encore tendre,   bées.

B iij

donnèrent , avec leur généreufe mere, les exemples d'une conftance magnanime , en fouffrant la mort de la maniere la plus héroïque au milieu des plus cruels tourmens, plutôt que de tranfgreffer la loi de Dieu. Alors le Seigneur fufcita le zèle de Mathatias , & la valeur invincible de Judas Machabée & de fes frères pour les oppofer , comme un mur d'airain , aux entreprifes & aux fureurs de leurs ennemis.

Après la mort de Judas & de Jonathas , les Juifs élirent pour chef Simon leur frere , qui fut en même tems grand-Prêtre. Ce fut par lui & par l'illuftre famille , qui prit de lui le nom d'Afmonéens, que la royauté fut rétablie dans Juda ; & il la tranfmit à fes defcendans.

Hérode, furnommé le Grand, Iduméen de nation, foutenu de la faveur des Romains, enleva le royaume aux Afmonéens, & fut déclaré Roi de Judée. Ainfi le fceptre de Juda commença à paffer en une main étrangère; auffi les foixante & dix femaines prédites par le Prophete Daniel approchoient de leur fin, c'étoit le tems marqué pour la venue du Meffie. Les Juifs étoient fi affurés que les oracles auroient leur entier accompliffement, qu'ils s'attendoient à le voir paroître dans peu, & regardoient fon avénement comme très - prochain. Nous en avons une preuve bien claire, en ce que dès qu'il paroiffoit quelqu'homme extraordinaire, ils commençoient à former des conjectures & à examiner extr'eux fi ce ne feroit pas le Mef-

Hérode Roi de Judée.

B iy

fie (1), ce qui n'étoit jamais arrivé dans les tems qui avoient précédé. On vit aussi paroître dans ce tems-là des Imposteurs (2) qui, abusant de la croyance commune, cherchèrent à attirer les hommes à eux, en se faisant passer successivement, chacun l'un après l'autre, pour le Libérateur promis à la nation ; chose que personne n'avoit osé auparavant, parce que, comme les Juifs auroient bien connu que le tems déterminé par les prophéties n'étoit pas encore venu, un Imposteur n'auroit pu leur en faire accroire. La ferme persuasion où étoient alors les Juifs du prochain avénement du Messie étoit si connüe & si publique, que les Historiens profanes les plus re-

____

(1) Luc. 3. v. 15.
(2) Act 5.

nommés n'ont pas héfité d'en parler comme d'un fait certain & avéré (1).

En ce tems donc qui avoit été marqué par les Oracles des Prophetes, où tout l'Univers étoit en paix fous l'empire d'Augufte ; Hérode régnant en Judée, Jefus, fils de Dieu, & en même-tems fils d'Abraham & de David, naquit d'une Vierge fa mere à Bethléem de Juda : ainfi defcendu du ciel en terre, & fait Homme pour réconcilier le genre humain avec Dieu, il eft venu appeller toutes les nations pour les ramener à la connoiffance & au culte du Dieu d'Ifraël.

Il vécut à Nazareth, pauvre & dans l'obfcurité jufqu'à l'âge de

Jefus-Chrift.

Sa naiffance,

____

(1) Tac. hift. l. 5.

B v

trente ans. Alors faint Jean-Baptifte fon précurfeur, fit retentir le défert de fa voix pour préparer les voies au Chrift envoyé de Dieu, & Jefus étant venu à lui, Jean, éclairé des lumières de l'Efprit Saint, le montra au peuple, qui étoit accouru en foule pour l'entendre.

Sa prédication.

Auffi - tôt Jefus - Chrift commença fa prédication en annonçant l'Evangile, c'eft-à-dire, la nouvelle fi heureufe, fi avantageufe de l'avénement du régne de Dieu fur la terre.

Preuves de la miffion.

Il prouva fa miffion par les merveilles que, felon les prophéties, le Meffie devoit opérer en faveur des hommes, éclairant les aveugles, reffufcitant les morts, guériffant toutes fortes de malades, & annonçant l'Evangile aux pauvres.

Il annonça que le tems étoit venu auquel le culte de Dieu devoit ceſſer dans le temple de Jéruſalem & dans celui de Samarie, & qu'il ſe formeroit de véritables adorateurs qui adoreroient le Pere en eſprit & en vérité (1).

Il prédit ſa mort & ſa réſurrection (2) ; la ruine du temple, dont il ne devoit pas demeurer pierre ſur pierre ; la déſolation & la diſperſion du peuple Juif qui devoit arriver avant que fut paſſée la génération qui étoit (3) préſente alors.

Il ſouffrit par les mains des Juifs la paſſion la plus cruelle, & expira ſur la croix, en priant pour ſes bourreaux, & verſant ſon ſang

Ses Prophéties.

Sa paſſion & ſa mort.

______

(1) Jean. 4.
(2) Matt. 16.
(3) Luc. 18. 19. 21.

B vj

pour l'expiation des péchés , & la rédemption des pécheurs.

Sa réfurrec-
tion. Etant reffufcité , il apparut à fes Difciples , converfa avec eux , & fe fit voir à plus de cinq cens perfonnes (1). Avant que de monter au ciel , il leur ordonna d'attendre à Jérufalem la venue du Saint-Efprit , & de fe répandre enfuite dans tout le monde , enfeignant toutes les nations , & les baptifant au nom du Pere , & du Fils , & du Saint-Efprit , en leur apprenant à obferver toutes les chofes qu'il leur avoit prefcrites ; & il promit qu'il feroit avec eux jufqu'à la confommation des fiécles (2).

Ayant fait de cette maniere à

----

(1) Aux Cor. 15.
(2) Matt. 28.

ſes Diſciples l'étonnant commandement de convertir le monde , il les bénit , & monta au ciel en leur préſence.

Retournés à Jéruſalem, les Apôtres ſe réunirent dans une maiſon où avec Marie , mere de Jeſus, de ſaintes Femmes , & les autres Diſciples , ils ſe mirent à prier tous enſemble ſans ſe laſſer de prier.

Le jour de la Pentecôte étant venu , le Saint - Eſprit deſcendit & parut en forme de langues de feu diſperſées qui ſe repoſèrent ſur chacun d'eux. Deſcente du Saint-Eſprit.

Embraſés de ce feu céleſte , les Apôtres commencèrent à prêcher courageuſement l'Evangile , d'abord dans la Judée & à Samarie, enſuite chez les Gentils ; & un petit nombre d'hommes groſſiers , & ſans expérience , ſans étude des Prédication des Apôtres.

arts libéraux, sans extraction, sans pouvoir & sans crédit dans le monde, eurent le pouvoir de convertir à la foi de Jesus-Christ une multitude innombrables de personnes.

Eglises fon-dées. Ainsi les Apôtres fondèrent eux-mêmes un très grand nombre d'Eglises ; c'est - à - dire , d'assemblées de fideles, sous la direction des Evêques & des Prêtres , consacrés par l'imposition des mains & le rit saint de l'ordination. L'Eglise de Jérusalem fut gouvernée par l'Apôtre saint Jacques , appellé le Mineur. L'Eglise d'Antioche , ville si renommée en orient, fut fondée par saint Pierre , & fut si considérable pour le nombre des fideles , que c'est là qu'ils commencèrent à être appellés Chrétiens. L'Eglise d'Ephèse , & beaucoup d'autres dans l'Afie mineure, dans la Gréce, dans la Macédoine, en Créte & dans les autres Ifles, & dans diverfes autres parties du monde, furent également fondées par les Apôtres.

Saint Pierre fonda l'Eglife de Rome, & la confacra par le martyre qu'il y fouffrit en la compagnie de faint Paul, l'Apôtre des nations. Saint Pierre s'appelloit d'abord Simon, & Jefus - Chrift lui donna le nom de Pierre, en lui difant, que fur cette pierre il bâtiroit fon Eglife, & que les portes de l'enfer, c'eft-à-dire, les deffeins & tous les efforts de l'enfer déchaîné, ne prévaudroient jamais contre elle ; qu'ils lui donneroit les clefs du royaume des cieux, que tout ce qu'il lieroit fur la terre feroit lié dans le ciel,

& que tout ce qu'il délieroit feroit délié (1). Il lui confia le foin de paître fes brebis & fes agneaux (2). Il lui recommanda d'affermir fes freres, lui affurant qu'il avoit prié pour lui, afin que fa foi ne fût jamais défaillante (3).

Primauté du fiége de Rome. Ainfi faint Pierre fut le premier des Apôtres, comme il eft toujours nommé par les Evangéliftes, & le chef vifible de l'Eglife, le Vicaire de Jefus-Chrift en terre. Cette primauté de faint Pierre a été tranfmife à fes fucceffeurs dans l'Eglife de Rome, qui a toujours été regardée comme la premiere & la mere des Eglifes répandues dans tout le monde, & le centre de l'unité catholique, felon le témoi-

----

(1) Matt. 16.
(2) Jean. 21.
(3) Luc. 22.

gnage qu'en rend entr'autres faint Irénée (1), Evêque de Lyon, difciple de faint Polycarpe, Evêque de Smyrne, qui a été inftruit par l'Apôtre faint Jean.

Conféquemment, de toutes les Eglifes que les Apôtres & leurs difciples fondoient fucceffivement dans tout le monde, il fe formoit une feule Eglife univerfelle, réunie fous un chef vifible, n'ayant toutes, comme le dit l'Apôtre faint Paul (2) qu'un Dieu, qu'une foi, qu'un baptême (3) : ainfi cette union étoit fondée fur l'unité du culte, fur la profeffion & la régle d'une même foi, & fur la participation aux mêmes Sacremens.

Il exiftoit encore quelques dif-

Les Juifs détruits.

----

(1) Liv. 3.
(2) Ephef. 5.
(3) 1. Cor. 1.

ciples de Jesus‑Chrift, lorfque l'efprit de fédition & de révolte qui s'empara des Juifs, attira fur eux la terrible vengeance dont Dieu avoit réfolu de punir leur endurciffement opiniâtre, & l'exécrable déïcide, dont ils s'étoient rendus coupables, en mettant à mort l'oint du Seigneur. Les armées de leurs ennemis commencèrent à paroître dans la Terre‑Sainte avec ces enfeignes, qui étoient pour eux l'objet d'un culte idolâtre, & un objet (1) d'abomination pour les Juifs. C'étoit‑là le fignal de leur défolation future que Jefus‑Chrift avoit annoncé : c'eft pourquoi les fideles fe rappellant l'avis de leur divin Maître, fortirent tous de Jérufalem & fe retirèrent à Pella,

____

(1) Luc. 21.

petite ville située dans les montagnes qui séparent la Judée de l'A-
rabie. Mais les Juifs persistèrent
dans leur aveuglement. Peu d'années après un premier siége, Tite,
fils de Vespasien, vint assiéger une
seconde fois Jérusalem, dans le
tems que la solemnité de Pâques
avoit rassemblé un peuple immense
dans les murs de cette ville. Envi-
ronnée de tranchées & resserrée de
toutes parts, elle eut à souffrir les
plus affreuses calamités de la fureur des factions & d'une famine
si horrible, que l'on vit les meres
y manger leurs enfans. Elle fut
prise par les Romains, qui firent
un horrible carnage de ses misé-
rables habitans. Le temple fut brûlé & détruit, une infinité de Juifs
tombèrent sous l'épée de l'ennemi
victorieux, les autres furent em-

menés en esclavage & dispersés parmi toutes les nations.

Alors cessèrent les sacrifices & le sacerdoce judaïque pour n'être plus rétablis : & ils furent abolis, conformément aux oracles des Prophétes, dans le tems que le régne du Dieu d'Israël & de son Christ s'étendoit de plus en plus dans tout l'univers par la prédication de l'Evangile, & que des Gentils de toutes les nations accouroient en foule se réunir à l'Eglise, & concouroient à former un nouveau peuple d'adorateurs en esprit & en vérité.

Dieu, dont la Providence gouverne toutes choses avec un souverain empire, avoit ordonné que les Juifs fussent dispersés parmi toutes les nations ; mais il ne vouloit pas perdre entièrement un peuple qui comptoit entre ses Patriarches Abra-

Cessation de l'ancien culte.

Les Juifs dispersés sont conservés par un miracle de la Providence.

ham, Ifaac & Jacob. Il n'avoit pas oublié l'alliance qu'il avoit faite avec eux : c'eft pourquoi (1) faint Paul enfeigne à leur fujet, qu'une partie des Juifs eft tombée dans l'aveuglement, afin que la multitude des nations entrât dans l'Eglife, & que les Juifs recueilliffent de nouveau les fruits de la miféricorde de Dieu fur eux.

De-là ce prodige conftant, prodige unique & inoui, par lequel on voit depuis dix - huit fiécles, le peuple Juif fubfifter, répandu parmi toutes les nations de la terre fans fe confondre avec elles , banni de fon pays, fans royaume, fans facrifice, fans Prêtre ; toujours attaché à la loi de Moïfe, & jaloux de conferver les divines

----

(1) Rom. 11.

Ecritures, dans lesquelles on voit si clairement prédite la venue du Messie, qui devoit être suivie de leur dispersion , & la conversion des Gentils à la connoissance & au culte du Dieu d'Israël.

Il est certain que la dispersion permanente des Juifs , & le culte du vrai Dieu répandu dans toute la terre, sont deux événemens merveilleux & remarquables par eux-mêmes , & si l'on observe que ces deux événemens ont été prédits (1) comme les conséquences & les suites que devoit avoir la venue du Messie , l'aveuglement actuel des Juifs qui persistent à le rejetter, seroit incompréhensible s'il n'avoit été prédit de même (2) ; en quoi ils

La dispersion des Juifs & la propagation du culte du Dieu d'Israël parmi les nations , sont deux signes de la venue du Messie qui avoient été prédits.

____

(1) Dan. 9, 26, 27.
(2) Rom. 11.

fourniffent eux - mêmes une nouvelle preuve de la vérité qu'ils ne
veulent pas reconnoître.

Cette vérité paroîtra encore davantage, fi l'on confidére les difficultés infurmontables, humainement parlant, qui s'oppofoient à la
propagation de l'évangile parmi les
nations. Les Apôtres (1) & les difciples étoient des hommes de baffe
condition, fans aucune prérogative
dans le monde qui pût leur y donner du crédit & de l'autorité. Ils
étoient Juifs, c'eft-à-dire, d'une
nation méprifée & haïe des peuples les plus polis & les plus di-
ftingués. Ils éprouvèrent dans leur
prédication les contradictions & les
perfécutions atroces que Jefus-
Chrift leur avoit prédites. Il fu-

Difficultés
infurmonta-
bles aux hom-
mes dans la
prédication
de l'Evangi-
le.

______

(1) Corint. 1.

rent calomniés , forcés de fuir de ville en ville, traduits devant les Tribunaux, fouettés cruellement, & enfin mis à mort. Le culte des faux dieux étoit répandu par-tout: culte qui flattoit les fens , qui contentoit la fuperftition fans gêner les paffions. Les Apôtres reprochoient ouvertement aux Gentils leur aveuglement ; ils annonçoient un feul Dieu, Créateur du ciel & de la terre , & difoient qu'il étoit le Dieu d'Ifraël ; en quoi ils le préfentoient fous une idée contraire à celles de tous les autres peuples. Ils vouloient qu'on ne crût qu'en lui, & en Jefus-Chrift fon Fils unique , fait homme pour racheter le genre humain ; mort fur une croix & reffufcité, monté enfuite au ciel, d'où il viendra à la fin du monde pour juger tous

les

les hommes, & rendre à chacun felon fes œuvres. Ils prêchoient que pour avoir part au falut, & éviter la damnation éternelle, il falloit fe convertir à Jefus-Chrift en faifant de dignes fruits de pénitence, renoncer au péché, & vivre perfévéramment dans la piété, la juftice & la tempérance.

C'eft à une telle prédication que fe convertit une multitude innombrable d'hommes, en changeant de vie & de mœurs, en renonçant courageufement aux pompes & aux délices du fiécle pour l'amour de Jefus-Chrift & dans l'efpérance de régner avec lui dans le ciel: l'innocence & la fainteté de vie des premiers chrétiens, l'étendue immenfe de la charité qu'ils pratiquèrent, non-feulement entre eux, mais encore à l'égard des

C

Etrangers , ſont atteſtées par les Ecrivains les plus célèbres du paganiſme (1).

Néanmoins la Religion chrétienne fut expoſée au commencement à de grandes perſécutions qui durèrent pendant le cours de trois ſiécles. Quiconque faiſoit profeſſion de la foi en Jeſus - Chriſt s'expoſoit à perdre tout en ce monde, & la vie même dans les plus cruels tourmens. On compte

La perſécu-tion.

---

(1) Julien , dans ſa Lettre au Pontife des Galates , propoſe aux Gentils cette charité & cette régularité des Chrétiens ; comme des exemples à imier.

Saint Juſtin , martyr, qui avoit été d'abord Philoſophe païen , aſſure que l'innocence & la ſainte vie des chrétiens , les diſtinguoit ſi fort du commun des païens, que c'étoit un des motifs qui avoient le plus contribué à ſa converſion. On peut voir encore la Lettre de Pline à Trajan , *l.* 10. *ep.* 97.

un grand nombre de martyrs qui répandirent leur sang pour la cause de Dieu ; & cette effusion de sang dans laquelle le christianisme auroit dû être éteint , si c'eut été l'ouvrage des hommes , servit à attirer en plus grande abondance les graces de Dieu sur son Eglise , & à multiplier le nombre des Chrétiens.

Ce qui y contribua encore ce fut le don des miracles , qui fut plus commun & plus fréquent dans ces commencemens , où il étoit aussi bien plus nécessaire pour prouver la mission divine des premiers héraults de l'Evangile. Ils attestoient qu'ils avoient vu Jesus-Christ ressuscité , qu'ils avoient conversé avec lui , & qu'ils en avoient reçu l'ordre de prêcher en son nom la rémission des pé-

Don des miracles.

Certitude du témoignage que les Apôtres rendoient à la résurrection de J. C.

chés à toutes les nations. Ils rendoient témoignage d'une chofe
qu'ils avoient vue (1), d'un fait
vifible & palpable de fa nature,
& fur lequel ils ne pouvoient fe
fe tromper: leur témoignage à tous
fut toujours conftant & uniforme,
chacun dépofant ce qu'il avoit vu,
& tous ayant vu la même chofe.

La certitude de la vérité qu'ils atteftoient étoit la feule raifon qui
pouvoit les engager à la publier,
puifqu'ils n'en retiroient aucun
avantage en ce monde, mais feulement des perfécutions & des fouffrances, aux quelles certainement ils
ne fe feroient pas expofés jufqu'à fe
livrer eux-mêmes, s'ils n'avoient
été affurés de la puiffance de celui
qu'ils avoient vû reffufcité, dont ils

____

(1) Act. 2, 3, 4.

exécutoient les ordres. Ils confir-
mèrent cette même vérité par des
miracles si éclatans, que les Païens
mêmes n'ont pu les nier : & enfin ils
ont eu le courage de les sceller de
leur sang. D'où l'on peut affirmer
avec vérité que jamais aucune
chose de fait n'a jamais été prouvée
à aucun tribunal avec tant de certitude, si l'on excepte l'inspiration
des Livres saints , que celle qui résulte du témoignage des Apôtres
& des premiers Disciples, relativement à la résurrection de Jesus-
Christ ; miracle de l'ordre le plus
éminent, qui fait la base & le fondement de la Religion chrétienne.
On peut rappeller ici ce qu'a dit à
ce sujet un Pere de l'Eglise avec
tant de vérité : ou la conversion
du monde a été opérée par la vertu
des miracles , & cette conversion

eſt l'œuvre de Dieu, ou c'eſt ſans ſecours de miracles qu'elle a été opérée, & elle eſt elle-même en ce ſens un très-grand miracle.

En vain oppoſeroit-on ici qu'il s'eſt trouvé des hommes qui ont mieux aimé ſacrifier leur vie que de rien changer à leurs fauſſes opinions, à leurs ſentimens, quoique évidemment mauvais. Il eſt vrai, l'homme naturellement attaché à ſa façon de penſer, peut ſe porter à tel excès d'orgueil & d'amour propre que d'aimer mieux renoncer à la vie plutôt que d'abandonner ſon ſentiment, ſon idée; mais les Apôtres n'étoient point dans ce cas-là en rendant témoignage à la réſurrection de Jeſus-Chriſt.

Il n'étoit pas queſtion d'une opinion, mais d'un fait: Jeſus-Chriſt leur aſſura qu'il mourroit ſur une

croix, comme il y mourut en effet,
& qu'enfuite il fe montreroit à eux.
Si donc Jefus - Chrift , après fa
mort, ne s'étoit pas montré à eux,
& qu'ils n'euffent pas converfé avec
lui, ils n'auroienr pu douter qu'ils
n'en euffent été trompés, & qu'ils
en auroient inutilement attendu
l'affiftance qu'il leur avoit promife
en cette vie pour convertir le
le monde, & la fouveraine félicité dans le ciel pour récompenfe
des fouffrances qu'il leur avoit prédites. Que l'on examine bien fi
en pareille circonftance il peut y
avoir un homme affez différent des
autres hommes, pour vouloir s'engager, ennemi de lui - même, à
foutenir aux dépens de fa propre
vie , un impofteur qui l'auroit
trompé de cette manière, & s'en-
velopper évidemment & de fon

C iv

plein gré dans les mêmes difgraces, les mêmes peines, fans efpérance de falut & d'aucune récompenfe : & fi on ne peut l'imaginer d'un feul, qu'aura-t-on à dire de plufieurs & d'un grand nombre ? Où trouvera-t-on dans toute l'hiftoire du genre humain un feul exemple d'une confpiration fi étrange ? Or, les Apôtres affirment tous d'un commun accord qu'ils ont reçu ordre de Jefus - Chrift après fa réfurrection de prêcher fon Evangile chez toutes les nations, & ils n'ont pas héfité de s'expofer, pour foutenir le témoignage qu'ils y ont rendu, à toute forte de travaux, de peines & de tourmens.

Une unanimité fi conftante forme une preuve invincible de la conviction où ils étoient, & par une conféquence néceffaire de la vérité du fait qu'ils atteftoient ; puifque s'ils n'euffent pas vu en en effet Jefus-Chrift reffufcité, & qu'ils n'en euffent pas reçu l'ordre de l'annoncer à toute la terre, il n'étoit pas poffible qu'ils euffent été tous unis de concert & difpofés à affronter tant de périls, de difgraces, & la mort même pour établir & étendre le culte d'un homme qui les auroit trompés fi indignement. De plus, ces hommes n'affuroient pas feulement qu'ils avoient reçu de Jefus-Chrift l'ordre de prêcher fon nom à toutes les nations, mais ils difoient ouvertement dès le commencement de leur prédication qu'on auroit beau les préfécuter, les maltraiter & les mettre à mort, que malgré tout cela le commandement de

C v

Jesus-Chrift feroit exécuté : que le régne de l'évangile s'étendroit chez toutes les nations par la vertu toute-puiffante du nom de Jefus-Chrift , fans le fecours d'aucune faveur , d'aucune puiffance des hommes , qu'on éléveroit par-tout fur les ruines de l'idolâtrie des autels au Dieu d'Ifraël & à fon Fils unique , qui s'eft fait Homme , & qui eft mort fur une croix ; & que cette Religion divine , protégée de l'affiftance du Saint - Efprit feroit ftable & permanente jufqu'à la confommation des fiécles.

Enfin quiconque voudra faire une attention férieufe fur les caractères du témoignage des Apôtres, fur l'unanimité & la conftance qui l'accompagnoient, fur les effets qui s'enfuivirent par rapport à eux , & par rapport au monde ; effets toujours parfaitement répondans à ce qu'ils annonçoient, se convaincra encore plus de tout ce qui vient d'être dit : outre qu'il n'y a aucune chose de fait, excepté l'inspiration des Livres Saints, qui ait jamais été prouvée avec autant de certitude à aucun Tribunal, que ce qui résulte du témoignage des Apôtres & des Disciples, relativement à la résurrection de Jesus-Christ.

Malgré la rigueur & la fureur des persécutions que les Chrétiens éprouvèrent, ils conservoient constamment leur ame dans une paix & une douceur que les tribulations n'altéroient point, non plus que leur charité pour leurs persécuteurs mêmes. Ils ne manquoient jamais à la fidélité & à l'obéissance

dû aux Empereurs & aux Magi-
ftrats : ils fervoient dans les armées , & l'on trouvoit en eux des
foldats pleins de courage ; ils
payoient exactement les tribus , &
ne croyoient pas qu'il leur fût
permis de les frauder : ils prioient
pour les Empereurs , & pour toutes les Perfonnes conftituées en di-
gnité & revêtues d'autorité , les
confidérant comme les Miniftres
de Dieu , inftruits qu'ils étoient
par Jefus - Chrift & par fes Apôtres (1).

Ce fut au milieu de la longue
& furieufe tempête de la perfécu-
tion que la Religion Chrétienne
fe communiqua de lieu en lieu fans
s'arrêter , & paffa de beaucoup la
vafte étendue de l'Empire Romain,

____

(1) Act. Rom. 13.

Dieu voulant faire voir qu'il n'a-
voit pas besoin du secours des
hommes pour l'établir & la défen-
dre contre les ressorts de tout l'enfer conjuré pour la détruire (1).

---

(1) Pline assure, dans la Lettre que j'ai citée, que la Religion Chrétienne étoit déja
répandue, non-seulement dans les Villes,
mais encore dans les Bourgs & dans les Cam-
pagnes, qu'elle étoit professée par des personnes de tout âge, de tout sexe & de toute
condition. Que de son tems on avoit vu les
temples des dieux abandonnés, leurs solem-
nités délaissées, & qu'il ne se trouvoit plus
personne qui achetât des victimes. Il ajoute,
que par ses soins le culte des dieux commen-
çoit à reprendre vigueur, que ce qu'il appelle
la superstition des Chrétiens seroit bientôt dissipée, & qu'il y avoit lieu d'espérer
qu'ils reviendroient bientôt à leur premiere
Religion. La prédiction politique de Pline,
n'étant appuyée que sur les régles de la prudence humaine, a été démentie par le fait,
au lieu que les prédictions de Jesus-Christ &
des Apôtres sur la perpétuité du christianisme

La persécution ayant duré trois cens ans, Dieu voulut donner la paix à son Eglise par la conversion de Constantin le Grand à la foi chrétienne. Mais la tranquillité ne fut pas longue ; on vit bientôt s'élever la malheureuse héréfie d'Arius qui nioit la divinité du Verbe, feconde perfonne de la Sainte Trinité, qui s'eft Incarné pour nous : c'étoit une nouveauté d'autant plus horrible, que l'on fçait par les Païens mêmes, que l'Apôtre faint Jean avoit enfeigné la divinité de Jefus-Chrift, & que les premiers fidéles chantoient des Hymnes à

---

fe font de plus en plus confirmées au milieu des révolutions des chofes humaines, parce qu'appuyées fur l'immutabilité des décrets di-crets divins, elles font fupérieures au cours ordinaire des événemens & à toutes les régles de la prudence humaine.

l'honneur de Jefus-Chrift comme Dieu.

La paix qu'avoit donnée Conftantin, fit que l'on eut la liberté d'affembler le premier Concile général de Nicée, où la nouveauté Arienne fut rejettée publiquement avec exécration, & la foi catholique maintenue & authentiquement confirmée.

Conftance, fils & fucceffeur de Conftantin le Grand, favorifa ouvertement les Ariens; & l'héréfie fit de grands progrès: mais malgré la faveur, & tout le fecours de la puiffance humaine, elle tomba & périt à la fin, comme il arrive à tous les ouvrages des hommes, au lieu que la foi catholique demeura invariablement dans l'Eglife & s'y maintint fans altération. *Sa décadence.*

Julien, furnommé l'Apoftat, *Entreprife de Julien.*

succéda à Constance. Cet Empereur emporté, par une certaine legèreté qui lui étoit naturelle, & par son caractère extrêmement vain, renonça à la Religion chrétienne, dans laquelle il avoit été élevé, pour suivre le culte & les superstitions du paganisme. Il devint un cruel ennemi du christianisme, & il n'est pas de moyens qu'il ne mit en œuvre pour le détruire ; employant entre autres ceux de la ruse & de l'artifice ; il se montra impartial pour toutes les différentes sectes de chrétiens , & parut vouloir les permettre toutes également, dans la vue de les animer les uns contre les autres, & de les rendre réciproquement les instrumens de leur mutuelle destruction, & il ne manqua pas de prétextes & de raisons supposées pour répandre le sang des catholiques. Il fçavoit que la deftruction du temple de Jérufalem, la ceffation du culte Judaïque, & la difperfion des Juifs avoient été prédites comme des fignes auxquelles on devoit reconnoître la venue du Meffie. Tite & Adrien, après lui, avoient accompli l'oracle fans le fçavoir, en difperfant les Juifs après avoir détruit le temple. Julien penfa qu'il y avoit un moyen de le faire trouver faux, & de confondre la confiance que les chrétiens avoient dans les prophéties : c'étoit de rebâtir le temple, de rappeller les Juifs de toutes les parties de la terre, & de rétablir les facrifices avec toutes les cérémonies de l'ancienne loi. En conféquence il invita les Juifs à cette entreprife, donna des ordres les plus preffans à fes Gouverneurs de les favorifer, & d'employer toute la puiffance de l'Empire pour les aider par tous les fecours & les reffources qu'ils pourroient leur fournir. Il manda à cet effet à fon confident Alippe, de veiller avec le plus grand foin à l'exécution de fon deffein. Les Juifs triomphoient déja, & mirent la main à l'œuvre avec une ardeur incroyable. Il ne leur manquoit rien de tout ce qu'il falloit pour confommer promptement un ouvrage que l'Empereur ne defiroit pas moins qu'eux - mêmes de voir bientôt achevé. Mais comme Alyppe pouffoit fortement les travaux, des globes terribles de flammes fortant auprès des fondemens par des élancemens fréquens, rendirent le lieu inacceffible, ayant brûlé plufieurs fois les ouvriers qui s'y rencontrèrent. Ainſi cet élément s'obſtinant à les repouſſer, on fut obligé d'abandonner l'entrepriſe (1).

On ne voit pas dans aucune hiſtoire profane de fait plus certain & plus avéré que celui-là. Il eſt atteſté par Ammien-Marcellin, Ecrivain païen, homme judicieux, & qui étoit contemporain ; par ſaint Gré-

---

(1) Ambitioſum quondam apud Hieroſolimam templum, quòd pòſt, multa & interneciva certamina, obſidente Veſpaſiano, poſteàque Tito, ægrè eſt expugnatum, inſtaurare cogitabat ſumptibus immodicis : negotiumque maturandum Alyppio dederat Athenienſi, qui olim Britannias curaverat pro præfectis. Cùm itaque rei fortiter inſtaret Alyppius juvaretque Provinciæ rector, metuendi globi flammarum propè fundamenta crebris aſſultibus erumpentes fecere locum, exuſtis aliquoties operantibus, inacceſſum : hocque modo elemento obſtinatiùs repellente, ceſſavit inceptum. *Ammon, liv.* 23. *c.* 1.

goire de Nazianze, dans un difcours compofé la même année
contre Julien ; par faint Jean Chry-
foftôme , dans un difcours qu'il
prononça devant tout le peuple
d'Antioche ; par faint Ambroife,
qui en parle comme d'un fait no-
toire dans une Lettre à l'Empereur
Théodofe. Julien même , parlant
des ruines du temple de Jérufalem,
convient qu'il avoit voulu le rebâtir. Les Juifs qui ont écrit peu de
tems après , font mention de cette
entreprife , & attribuent à leurs péchés le malheureux fuccès qu'elle
eut par rapport à eux.

REFLEXION *fur l'ordre & la connexion des événemens qui viennent d'être rapportés.*

Preuve de la divinité du chriftianifme qui réfulte de faits les plus notoires & inconteftables.

VOUS pouvez remarquer, mon Fils, dans cette fuite d'événemens que je viens de vous préfenter, l'ordre qu'a obfervé la divine Providence pour maintenir fa Religion toujours ferme & inébranlable au milieu des révolutions & des bouleverfemens qui ont changé tant de fois la face du monde, en l'exemptant de la loi commune à toutes les chofes humaines, affujetties par leur nature aux vicif-

fitudes du tems , qui altère & con-
fume tout.

Il faut maintenant , en revenant
fur ce que nous avons dit, fixer un
peu vos regards fur un petit nombre de faits des plus notoires, &
univerfellement reconnus comme
très-certains ; & vous verrez qu'il
en réfulte une preuve non moins
lumineufe, qu'elle eft fimple, d'une
puiffance divine & fouverainement efficace dans l'établiffement
& les progrès de la Religion chrétienne.

Il eft certain que dix-huit cens
ans avant nous Jefus-Chrift, Auteur
de cette Religion fainte, eft né , a
vécu , & eft mort en Judée, pays
de très-peu d'étendue, & méprifé
de prefque toutes les nations.

Il eft certain qu'en ce tems-là
le refte du monde étoit enveloppé

dans les superstitions de l'idolâtrie, & que le Dieu d'Israël, inconnu alors aux nations, n'étoit adoré en aucun lieu.

Il est certain que dans ce même-tems, les Juifs avoient un corps d'écritures très-anciennes, & qu'ils regardoient eux - mêmes comme divines, dans lesquelles étoit prédite la venue du Messie qui devoit naître en Judée, & par l'opération duquel le Dieu d'Israël devoit être connu & adoré par toute la terre. Il est encore très-certain que telle étoit la croyance des Juifs; & que, pleins de confiance dans leurs Ecritures, ils attendoient le Messie vers ce tems-là (1).

Jesus est venu, & a déclaré qu'il

____

(1) L'accomplissement de ces deux faits si éclatans, si lumineux, & qui avoient été pré-

étoit le Meſſie promis (1) dans les Ecritures.

Pour démontrer qu'il l'étoit, indépendamment des autres preuves qu'il pouvoit en donner, il falloit qu'ayant vécu dans la pauvreté, & étant mort ſur une croix, ce fut par lui, par ſon opération que le culte du Dieu d'Iſraël ſe répandît chez toutes les nations.

Il

---

dits ſi clairement, ſuffit pour démontrer la divinité & l'authenticité des Ecritures, ſans parler d'autres preuves particulières que l'on pourroit en tirer, & que j'omets pour être être plus court. Mon aſſertion eſt conforme à ce que dit ſaint Auguſtin au douzième livre de la Cité de Dieu : « que le témoignage » de l'Ecriture Sainte s'eſt acquis avec raiſon » une merveilleuſe autorité dans toute la terre » & parmi toutes les nations, puiſque entre » autres prédictions qui portent un caractère » de divinité, elle a annoncé auſſi la foi de » toutes les nations ».

(1) Jean 4, 26.

Il l'avoit promis, il l'exécuta; & remarquez de quelle manière : il choisit quelques (1) Disciples dans le plus bas peuple, & leur ordonna d'aller prêcher l'Evangile dans tout le monde, leur annonçant qu'ils avoient à vaincre l'opposition des nations à le reconnoître pour seul Dieu, le Dieu des Juifs, leur prédisant des persécutions, & leur promit du secours & la victoire.

L'ordre donné s'exécute aussi-tôt. Les Apôtres annoncent par-tout l'Evangile, & par-tout en très-peu de tems forment des Eglises entières d'adorateurs du Dieu d'Israël, & de son fils Jesus, mort sur une croix.

Imaginez - vous , mon Fils ;

____

(1) Matt. 28, 18.

D

douze hommes du peuple, qui dans ce tems-ci entreprendroient, fans étude, fans fecours humain, d'introduire un nouveau culte dans tous les pays du monde, en propofant d'adorer comme Dieu, un homme mort fur un gibet. Il eft très - certain que l'on feroit fort autorifé à regarder une telle entreprife comme vaine, folle & impoffible.

L'entreprife des Apôtres n'étoit pas plus facile. Le monde alors n'étoit ni moins délié, ni plus dupe qu'à préfent. Il regnoit dans toutes les provinces de l'Empire Romain un luxe d'une recherche, d'une délicateffe, & d'une magnificence extrême en jeux, en fpectacles, en feftins, & en toutes fortes de délices & de voluptés, qui étoit généralement accompagné d'une diffolution ef-

frénée, d'un déréglement de mœurs
exceſſif. La littérature étoit très-
cultivée & auſſi répandue que les
écoles des Philoſophes,& la Philo-
ſophie qui étoit la plus à la mode
étoit celle qui étoit la plus oppoſée
aux dogmes & à la morale du chriſtianiſme. Néanmoins douze miſé-
rables pêcheurs mettant toute leur
confiance dans le commandement
& l'aſſiſtance inviſible de leur Maître , exécutent une entrepriſe qui
étoit alors d'une exécution auſſi
impoſſible humainement, qu'elle
le ſeroit à préſent pour douze pêcheurs qui tenteroient d'opérer
dans le monde une ſemblable révolution.

Après la venue du Meſſie, le
ſacrifice ancien devoit ceſſer , la
nation Juive devoit être diſperſée,
& le temple détruit de fond en

comble. Jesus-Christ avoit prédit que tout cela s'accompliroit avant que fut passée la génération qui étoit alors présente. Certainement les Apôtres n'avoient ni le pouvoir ni la force d'abattre le temple de Jérusalem, & d'exterminer les Juifs. Les Romains viennent avant que la génération soit passée, ils assiégent Jérusalem, comme Jesus - Christ l'avoit dit, ruinent le temple, & dispersent les Juifs.

Il ne devoit pas rester pierre sur pierre de ce temple, Jesus l'avoit dit. Un Empereur tente de le rebâtir, & il ne peut réussir à une entreprise qui étoit si facile à un Empereur, & qu'il désiroit si ardemment pour démentir l'oracle.

Un peu de réflexion, mon Fils, sur ces événemens. La conversion des Gentils amenés à reconnoître le Dieu des Juifs par l'entremife de quelques miférables pêcheurs, étoit une œuvre humainement impoffible. Jefus-Chrift l'ordonne, il affure qu'elle fe fera , & elle fe fait. Jefus-Chrift prédit la difperfion des Juifs, & les Juifs font difperfés. Il prédit qu'il ne reftera pas pierre fur pierre du temple de Jérufalem , & le temple eft détruit. Un Empereur tente de le rebâtir , & des globes de feu qui s'élancent des fondemens , rendent fon entreprife inutile.

Les Ecritures que poffédoient les Juifs avant la naiffance de J. C., comme en fait foi leur confervation parmi eux jufqu'à préfent , annonçoient que tels devoient être les caractères du Meffie, & ces caractères font réunis en Jefus-Chrift, & ne le font qu'en lui : c'eft par

La fidélité avec laquelle s'en eft confervé le dépôt.

lui & en lui que se font accomplis
les prophéties ; & pour les accom-
plir, il a opéré par la force de sa
parole des choses humainement
impossibles. Pourroit-on désirer
une preuve plus convaincante pour
démontrer qu'il est véritablement
le Messie promis dans les Livres
saints des Juifs, comme celui en
qui toutes les nations devoient être
bénies, c'est-à-dire, appellées à la
connoissance & au culte du Dieu
d'Israël, dont la majesté devoit
par lui remplir toute la terre. L'im-
muable efficace de la parole de
Jesus-Christ s'étant manifestée &
démontrée, pour ainsi dire, elle-
même par une preuve de fait si
frappante & si lumineuse sous le
régne de Julien, on ne peut douter
que la Religion chrétienne, qui
se trouvoit de son tems avoir fait

tant de progrès par le ministère des Apôtres & de leurs successeurs, n'eût conservé tous les caractères d'une œuvre de Dieu ; œuvre qu'il a voulu, qu'il a ordonné, qu'il a fait lui-même, & qu'il a soutenue, conservée & protégée par une opération spéciale & manifeste de sa Providence.

LA Religion Chrétienne existante dans l'Eglise, a été fondée par Jesus - Christ, & étendue par les Apôtres & leurs successeurs jusqu'à nos jours.

CETTE Religion toute divine subsistoit dans la sainte Eglise Catholique au tems de Julien, telle que Jesus-Christ l'avoit fondée, & que le ministère des Apôtres l'a étendue jusqu'à notre tems. Elle n'étoit pas dans la secte des Ariens, ni ne s'est jamais trouvée dans aucune autre semblable qui ait été introduite de nouveau ; leur nom même désignent l'Auteur de leur nouveauté & du parti qui les a accréditées ; & après avoir éprouvé divers changemens, elles ont finalement disparu.

L'Eglise qui s'étoit formée depuis le tems des Apôtres jusqu'à celui de Julien, s'est conservée la même depuis le tems de Julien jusqu'à présent.

Or je dis que cette Eglise, connue par-tout sous le nom de Catholique, fondée par Jesus-Christ, & soutenue par sa puissance jusqu'à l'événement des prodiges arrivés sous Julien, est la même qui depuis le tems de Julien s'est visiblement perpétuée jusqu'à nos jours en conservant sans aucune variation le même nom, la même doctrine, & tous les mêmes caractères.

Elle a toujours eu le même nom.

Il est de toute notoriété que le nom est toujours le même , que

cette durée succeſſive & non interrompue du même nom marque la
continuité de ſa même exiſtence,
qu'aucune ſecte n'a jamais pu parvenir à ſe faire nommer Catholique
comme elle, & que tous les hommes ſe ſont conſtamment accordés
à donner ce nom à celle qui ſeule
a toujours été reconnue pour être
répandue dans toutes les parties
du monde.

La doctrine eſt la même, elle a *La même Doctrine.*
les mêmes ſymboles des Apôtres &
de Nicée, les mêmes ſacremens,
le même ſacrifice, le ſacerdoce,
toujours diſtingué de l'état des ſimples fidéles, eſt toujours le même
dans ſa ſucceſſion par le moyen de
la ſainte Ordination qui a été pra-
tiquée par les Apôtres, ſpéciale-
ment par S. Paul à l'égard de Timothée; par Timothée pour ceux qui

D v

font venus après lui , & ainfi fucceffivement. La difpenfation des myftères , le miniftère de l'enfeignement, la puiffance de remettre ou de retenir les péchés , l'autorité de décider les difficultés en matière de foi, la primauté du Pontife Romain, la diftinction de la Hiérarchie en différens ordres d'Evêques , de Prêtres , de Diacres , & des autres Miniftres qui fervent à l'autel ; l'invocation des Saints, & pareillement l'honneur qu'on rend à leurs reliques & à leurs images réputées pieufes & utiles ; enfin la prière pour les morts : tout cela étoit cru comme de foi au tems de Julien , & tout cela conferve de nos jours la même prérogative dans l'Eglife Catholique.

LES *caractères essentiels à la Religion de Jesus - Christ sont permanens dans l'Eglise.*

LES caractères sont les mêmes. L'Eglise est toujours comme elle étoit au commencement ; Une, Sainte , Catholique & Apostolique.

L'Eglise de Jesus - Christ est Une.

L'Eglise de Jesus-Christ est une par l'unité de la Doctrine , & par l'union de toutes les Eglises particulières avec le Siége de Pierre. L'unité de la Doctrine est un caractère essentiel à l'Eglise de Jesus-Christ, qui en étant dépositaire , doit par conséquent être une & invariable , parce que la Doctrine de Jesus-Christ est une, & ne peut varier; il l'a consignée à ses Apôtres, afin qu'eux & leurs successeurs la prêchassent par tout le monde jusqu'à la consommation des siécles. Au tems de Julien, il plut à Dieu de montrer par un prodige des plus éclatans que, selon qu'il l'avoit promis lui-même, les portes dl'Enfer ne pouvoient prévaloir contre son Eglise; & en vertu de cette promesse, le dépôt de la doctrine doit demeurer inviolablement & sans y éprouver jamais d'altération. En effet, il n'est aucun des dogmes qui sont crus présentement qui n'ait été connu au tems de Julien, & il n'en est aucun de ceux qui ont été cru au tems de Julien qui ne le soit encore à présent.

L'Eglise de Jesus - Christ
est Catholique.

L'Eglise de Jesus - Christ est Catholique, c'est-à-dire, universelle & perpétuelle. Sous Julien, & long-tems avant lui, elle étoit répandue dans tout l'orient & dans tout l'occident, dans tout l'Empire Romain & au dehors, & encore aujourd'hui elle est répandue dans toutes les parties du monde. L'Eglise Catholique ne subsiste pas seulement dans les Etats & chez les peuples qui se font gloire à juste titre d'en faire profession, & de l'honorer par la pratique d'un culte public : elle existe aussi chez les infidéles, elle y acquiert & y engendre des enfans à Dieu. On trouve des Catho-

liques en Turquie, dans les Indes
& dans les contrées de l'Amérique
les plus éloignées, qui font tous
unis par le lien d'une même foi &
par la participation aux mêmes
Sacremens.

L'Eglise de Jesus-Christ eft Apoftolique.

L'Eglife eft Apoftolique, parce
qu'elle eft fondée (1) fur le fondement des Apôtres (2), qu'elle
eft dépofitaire, comme je l'ai dit,
de la doctrine qui leur a été con-
fignée, & que le Miniftère Apoftolique, relativement à la difpen-

______

(1) Saint Jérôme en tire un moyen de di-
ftinguer la véritable Doctrine de celles qui
font fauffes & erronées, & montre que l'on
doit adhérer à l'Eglife, *qui, ayant été fondée
par les Apôtres, a fubfifté jufqu'à ce jour.*
(2) Aux Ephef. 2.

fation des myſtères, s'eſt étendue dans l'Egliſe par le moyen de l'ordination ſacramentelle, en vertu de laquelle la ſucceſſion des Paſteurs s'eſt ſoutenue conſtamment ſans interruption. Cette ſucceſſion eſt démontrée avec la plus grande évidence dans les Pontifes Romains. Saint Irénée en rend témoignage, juſqu'au Pape ſaint Eleuthere. Saint Auguſtin qui vivoit au cinquiéme ſiécle ; entre autres motifs qui le tenoient attaché inviolablement à l'Egliſe, ſe fondoit particulièrement ſur la ſucceſſion non - interrompue des Souverains Pontifes depuis ſaint Pierre, à qui Jeſus-Chriſt donna la charge de paître ſon troupeau. M. Boſſuet, écrivant dans le ſiécle dernier, a fait voir dans ſon Diſcours ſur l'Hiſtoire Univerſelle, combien il eſt

consolant pour les enfans de Dieu ;
& en même-tems combien de vérité, de force, la preuve qui résulte de voir que du Pàpe Innocent
XI, de sainte mémoire, qui rem-
plissoit alors le premier siége de
l'Eglise, en remontant de l'un à
l'autre, on parvint sans aucune interruption jusqu'à saint Pierre, éta-
bli Prince des Apôtres par Jesus-
Christ même; & reprenant de-là
les Pontifes qui ont exercé le ministère sous l'ancienne loi, on arrive jusqu'à Aaron & à Moïse, ensuite aux Patriarches, & enfin jusqu'au commencement du monde.
Il s'ensuit que si l'esprit humain,
sujet par lui-même à tant de le-
géreté, d'inconstance, a besoin
d'être fixé par une assurance so-
lide, & gouverné par une autorité
infaillible dans les choses qui ap-

partiennent au ſalut. On ne peut pas en deſirer de plus forte & de plus déciſive que celle de l'Egliſe Catholique, qui réunit en elle l'autorité de tous les ſiécles paſſés, & les traditions du genre humain de l'antiquité la plus reculée juſqu'à ſa première origine.

L'Egliſe de Jeſus - Chriſt eſt Sainte.

L'Egliſe Catholique eſt Sainte : précieuſe prérogative qui n'appartient qu'à elle ſeule, & qui, ſi on la pèſe bien, ſuffit pour convaincre de ſa divinité tout homme raiſonnable & d'un jugement ſain.

L'Egliſe eſt Sainte, parce que ſon Chef, qui eſt Jeſus - Chriſt, eſt Saint ; qu'il eſt le principe & la ſource de toute ſainteté, & qu'il la dirige, la gouverne par l'aſſiſtance du Saint-Eſprit.

Elle eſt Sainte, parce que ſa Doctrine, dans le dogme & dans la morale, ne reſpire que la ſainteté : tout dans le dogme, a une relation intime avec la connoiſſance & le culte d'un ſeul Dieu, premier principe de toutes choſes ; qui pourvoit à tout, avec une ſageſſe & une bonté infinie, & qui eſt la dernière fin de l'homme & ſon ſouverain bonheur. Vérité eſſentielle à la Religion, & qui n'étant préſentée & manifeſtée nulle part auſſi expreſſément que dans la loi divine que renferme le Chriſtianiſme, & qu'il perfectionne, prouve que le caractère de la vraie Religion ne convient qu'à lui ſeul.

Tout dans les préceptes & dans la morale ſe rapporte à un amour de Dieu par - deſſus toutes choſes, & à un amour ſubordonné

& bien réglé des créatures. Tous les devoirs de l'homme par rapport Dieu, au prochain, & à lui-même, y font préfentés & enfeignés fans mélange d'aucune erreur.

Or il faut remarquer que cette collection, ce corps de toutes les vérités morales fans mêlange d'erreur, eft un ouvrage qui furpaffe les forces de la raifon humaine, fujette à fe tromper à tout moment, tantôt fur un objet, tantôt fur un autre, comme le démontre fi évidemment l'expérience de tous les fiécles, où l'on voit des milliers de fyftêmes de morale purement philofophique donnés par les Platoniciens, les Stoïciens & les Péripathéticiens, qui, tous en prefcrivant d'excellentes régles fur différens points, font tombés relativement à d'autres dans les erreurs les plus grossières.

Excellence des motifs que présente la morale évangélique & qui lui sont propres.

Outre cela la morale présente les motifs les plus relevés & les plus satisfaisans pour inspirer l'amour de la vertu & l'horreur du vice. Elle montre la récompense de la vertu en Dieu même, qui est le principe & la source de la plus grande félicité que l'homme puisse desirer ; chose essentielle , & qui manque à tous les systêmes de Philosophie qui n'ont jamais trouvé le moyen de concilier la vertu avec la félicité que l'homme desire par-dessus tout , & qu'il ne peut pas ne pas desirer.

Efficacité de la morale évangélique pour réformer les mœurs.

L'Eglise est Sainte , parce qu'elle joint à la sainteté de sa Doctrine une souveraine efficacité que lui donne la grace du Saint-Esprit pour convertir les ames & les conduire à la sanctification. Cette efficacité a paru merveilleusement au commencement de la conversion des Gentils à la foi en Jesus-Christ par l'innocence où vivoient les premiers fidéles, de tout âge, de tout sexe, de toute condition, par leur charité & leur constance au milieu des tourmens ; elle a paru dans le renouvellement qu'elle a opéré dans le monde en déracinant la corruption des mœurs qui étoit répandue par-tout, & par-tout invétérée, quoique rien ne fut plus contraire à la loi naturelle. Tels étoient les sacrifices abominables, où des hommes étoient les victimes que l'on immoloit ; sacrifices pratiqués chez les peuples les plus policés, comme chez les plus barbares, & que le Christianisme a abolis par-tout, autant chez les uns que chez les autres. Tels étoient les spectacles cruels des Gladiateurs, où l'inhumaine curiosité des hommes de tout état, des femmes mème & des enfans, se repaissoit, se recréoit à voir couler le sang humain.

Tel étoit encore la coutume d'ôter la vie aux enfans, ou de les exposer au péril d'une mort certaine ; coutume autrefois universelle, & que la Philosophie de Confucius n'a pas abolie dans le vaste Empire de la Chine. La mème efficacité paroît aussi par l'esprit & le zèle de la charité porté jusqu'à l'héroïsme, qui s'est toujours maintenu dans l'Eglise Catholique, & qui a produit tant de saints Personnages remarquables par le sacrifice qu'ils ont fait constamment des commodités de la vie dont ils pouvoient jouir, par les difgraces & les fouffrances qu'ils ont éprouvées pour procurer le bien fpirituel du prochain, & même fon bien temporel ; il fuffit de fe rappeller ce que fit faint Charles Borromée dans la circonftance de la pefte de Milan, pour donner des fecours fpirituels & temporels aux hommes même les plus miférables. Ce feul exemple eft capable de convaincre qui que ce foit que ces fortes de facrifices , fans efpérance de récompenfe de la part des hommes , facrifices communs & ordinaires aux faints dans l'Egife Catholique, ne fe retrouvent nulle part hors de cette Eglife.

L'Eglife Catholique eft Sainte, parce qu'elle a feule le pouvoir de remettre les péchés. Jefus-Chrift a communiqué ce pouvoir à fes

Apôtres, pour être tranfmis par eux à leurs fucceffeurs. On a vu que cette fucceffion du miniftère apoftolique auquel eft attachée la puiffance de remettre les péchés, s'eft perpetuée par le même rit de l'ordination facramentelle qu'ont pratiqué les Apôtres ; par conféquent elle n'a pas pu paffer ou fe communiquer aux fectes qui en font féparées, chez lefquelles elle eft interrompue. Or l'homme pécheur ne peut parvenir à la fainteté par le bienfait de la rémiffion de fes péchés, & cette grace ne peut être obtenue hors de l'Eglife (1) de la part de quiconque en rejette

______

(1) Ajoutez à cela qu'il n'y a que l'Eglife qui retienne le culte d'un véritable & légitime facrifice, qu'elle peut ufer utilement des Sacremens, par lefquels comme par les inftru-

jette l'autorité, & ne veut pas fe foumettre à un miniftère inftitué pour cela par Jefus-Chrift même.

L'Eglife eft Sainte, parce que Dieu fe plaît à y manifefter de tems en tems la fainteté de fes ferviteurs par des dons & des graces privilégiées, & par l'éclat des miracles; & de ces miracles, un grand nombre font fi authentiquement avérés par des témoignages irréprochables, qu'il n'y a pas lieu d'en douter en aucune manière.

De tous ces caractères il en réfulte un autre bien éclatant, en vertu duquel l'Eglife de J. C. eft nommée, & eft en effet vifiblement cette Cité bâtie fur la montagne

Manifefta-
tion de la
fainteté dans
l'Eglife.

Vifibilité,
caractère de
l'Eglife de
Jefus Chrift.

---

mens efficaces de la grace, Dieu communique la véritable fainteté, enforte que perfonne ne peut être vraiment faint, & n'être pas dans le fein de cette Eglife. *Catéc. du Conc. de Tr.*

à laquelle devoient accourir toutes les nations de la terre : ainſi Dieu a voulu que ſon Egliſe fût viſible à toute la terre, & remarquable par des ſignes ſi clairs & ſi certains, que les hommes de tout état, ſçavans & ignorans, puſſent la reconnoître & la diſtinguer des Religions fauſſes qui conduiſent à la perdition.

Le Catholique ſeul a droit d'étre tranquille ſur ſa croyance. Tous les autres ont ſujet de ſe défier de la Religion qu'ils profeſ-ſent par leur Religion méme.

Il ſe préſente ici une réflexion à faire qui mérite la plus grande attention ; c'eſt que de l'enſemble de tous les caractères que j'ai détaillés, il réſulte en faveur de l'E-gliſe Catholique, une preuve de

crédibilité si forte & si convaincante, qu'aux yeux de tout Catholique, même médiocrement instruit, il n'y a pas de certitude aussi
solidement établie dans les choses
humaines les plus certaines & les
plus indubitables. Il sçait que la
doctrine que lui enseigne son Pa-
steur, ne vient pas de lui même ;
que c'est la même Doctrine qui
s'enseigne dans toutes les Eglises
du monde, unies sous un Chef visible ; il sçait que les Pasteurs de
toutes ces Eglises l'ont eux-mêmes
reçue de leurs prédécesseurs, &
que ces Pasteurs ont succédé les
uns aux autres de proche en proche jusqu'aux Apôtres : conséquemment, outre les autres signes
caractéristiques dont j'ai parlé, le
Catholique a pour lui l'autorité de
toutes les Eglises de la catholi-

cité, toutes ensemble sous un Chef visible réunies par une même Doctrine que les Apôtres leur ont transmise par une suite de Pasteurs qui n'a jamais été interrompue. Il n'est pas dans les affaires des hommes d'autorité plus forte ou égale à celle - là pour faire foi sur tout ce que l'on croit de plus certain & d'indubitable.

Au contraire, toutes les autres Religions, loin de réunir les caractères qui sont tous essentiels à la vraie Religion, ont en elles-mêmes un principe de destruction qui se présente au premier coup d'œil, & qui donne lieu aux plus pressans motifs d'en soupçonner la fausseté à tous ceux qui les professent, pour peu qu'ils veuillent y faire quelque réflexion,

Des fauſſes Religions.

Ces Religions fauſſes ſont l'Idolâtrie, le Mahométiſme, le Judaïſme, l'Egliſe Grecque , appellée Schiſmatique, & les ſectes d'Hérétiques anciennes & modernes.

De l'Idolâtrie.

Il ne falloit qu'une réflexion tout-à-fait ſimple pour ſe détromper des preſtiges & des ſuperſtitions de l'idolâtrie. Au milieu des plus épaiſſes ténébres du Paganiſme, il s'étoit conſervé un rayon de la lumière naturelle de la raiſon qui montroit aux hommes dans le Ciel, un Maître, un Dominateur ſuprême, qui voit tout, diſpoſe tout avec un ordre plein de ſageſſe & de juſtice. Cette lumière de la raiſon n'étoit pas tout-à-fait éteinte chez les Gentils , on en

Oppoſition de l'idolâtrie à la lumière de la raiſon , relativement à la nature & à la ſainteté de Dieu.

E iij

trouve des preuves certaines dans leurs Ecrivains. Or un des avantages de la vraie Religion eſt de ranimer & de fortifier cette lumière en donnant à l'homme un moyen bien ſupérieur, beaucoup plus ſûr, & d'une bien plus grande autorité de connoître Dieu, Créateur du ciel & de la terre ; de connoître ſon unité, ſon immenſité, ſa providence, ſa ſainteté, & toutes ſes perfections infinies : au contraire, tout ce qu'enſeignoit l'idolâtrie tendoit manifeſtement à gâter & à corrompre cette lumière primitive, en défigurant de toutes ſortes de manières les plus étranges, & profanant le ſaint Nom de Dieu, juſqu'à repréſenter la Divinité diviſée & éparſe dans les élémens, dans les plantes, dans les bêtes, dans des ſimulacres muets &

inanimés , dans des personnages fabuleux & remplis de vices les plus infâmes. Tels étoient les objets auxquels l'idolâtrie adressoit ses adorations , tandis que le vrai Dieu , l'Etre souverainement parfait, l'Etre immense, infini, le Saint des Saints n'avoit pas de culte public en aucun endroit de la terre, si ce n'est dans la Judée. Cette opposition manifeste entre la lumière naturelle de la raison , qui découvre & fait voir distinctement une Providence sage, bienfaisante, rémunératrice des bonnes œuvres , vengeresse des crimes , & le culte rendu à toutes ces divinités pleines de défauts, de vices, & si absurdes , offroit une preuve des plus claires de la fausseté de l'idolâtrie.

Les loix de l'humanité, de la justice & de l'honnêteté étoient d'un grand poids chez les Gentils ; & ils n'ignoroient pas que la Religion étoit néceffaire aux hommes pour les rendre meilleurs, & les porter plus efficacement à la vertu. Cette connoiffance, fondée fur la lumière de la raifon, fuffifoit pour montrer la fauffeté d'un culte qui prefcrivoit des facrifices où des hommes égorgés étoient les victimes qu'on immoloit, des fêtes & des danfes contraires à l'honnêteté, & mille autres fortes de fuperftitions & d'infamies que ces mêmes Gentils réprouvoient, & qu'ils fe gardoient bien d'admettre dans l'ufage & le commerce de la vie.

Auffi conféquemment s'eft - il trouvé parmi les Gentils des hommes fenfés, qui ont abandonné la Religion du peuple, pour fe former une idée plus faine de la divinité, & pour suivre une morale plus exacte & plus sévère : au lieu que personne n'a jamais quitté la Religion que nous professons pour se rendre meilleur & plus religieux, pour devenir plus juste, plus tempérant, & honorer Dieu avec plus de piété & de dévotion.

Il faut remarquer encore que quoique l'idolâtrie se soit étendue en certain tems par toute la terre, elle ne faisoit pas une seule & unique Religion. Il y avoit chez les peuples idolâtres autant de Religions différentes qu'il y avoit de Provinces, de Villes ; toutes ayant leurs dieux différens qui leur étoient propres, & des rits particuliers propres à leur pays ; & l'on sçait que les superstitions des uns étoient odieuses à d'autres qui n'étoient pas moins superstitieux qu'eux. Au lieu que

Quoique l'idolâtrie ait été répandue en certain tems partoute la terre; elle n'a jamais été la seule Religion ni universelle.

E v

l'on voit par la prédication de l'E-
vangile ce dont il n'y a pas d'exemple dans l'histoire du monde : on
voit, dis-je, se former chez toutes
les nations, quoique de génie, de
caractères, de mœurs & de loix opposées, une parfaite unanimité de
sentimens pour ce qui concerne le
culte du vrai Dieu, Créateur du
ciel & de la terre. La prédication
de l'Evangile rappelle les hommes
à la connoissance & au culte du
vrai Dieu, & l'on ne peut nier que
ce ne soit là un caractère de la vraie
Religion. La prédication de l'E-
vangile a rendu le culte du vrai
Dieu public & commun à tout le
peuple, chez toutes les nations,
& le succès si supérieur aux forces
de la sagesse humaine, est une
preuve incontestable de la puissance divine qui a rendue effi-

*La vraie Re-
ligion doit
rendre com-
mune au peu-
ple la con-
noissance du
vrai Dieu.*

*Cet avantage
n'appartient
qu'au chri-
stianisme.*

cace la prédication de l'Evangile.

Le Mahométisme.

Quoique le Mahométisme, que professent les Turcs, les Persans, & d'autres peuples, s'étende dans une grande partie de ce qui faisoit anciennement notre hémisphère, il ne présente cependant rien de surnaturel, ni de sur-humain dans son établissement & ses progrès : au contraire, on trouve dans l'une & dans l'autre les preuves distinctes de la fausseté la plus évidente.

Mahomet, natif de la Mecque, ville de l'Arabie Pétrée, se mit à y faire le rôle de prophéte au commencement du septième siécle. L'Arabie étoit peuplée de Juifs, de Chrétiens de différentes sectes, & d'un grand nombre d'idolâtres

qui n'étoient pas tout-à-fait privés
de la connoiſſance d'un Etre ſuprême. Le nom d'Abraham étoit
parmi eux en grande. vénération,
& ils ſe faiſoient gloire d'en être les
deſcendans. Ils avoient retenu l'uſage de la circonciſion, les ablutions
& l'averſion des animaux qu'ils regardoient comme immondes. Le
temple de la Mecque étoit très-
renommé chez les Arábes ; on y
conſervoit une pierre noire qu'ils
croyoient être tombée du ciel, &
par une pure ſuperſtition, on accou-
roit de toutes les parties de l'Arabie
pour honorer cette pierre. Les Arabes vivoient diviſés en tribus, er-
rans çà & là, ſans demeure fixe. Ils
étoient groſſiers & ignorans, féroces par caractère & ſouveraine-
ment licentieux. Mahomet, qui
étoit ruſé & hardi juſqu'à l'im-

pudence, s'étant instruit dans ses voyages des usages & des mœurs des autres peuples, conçut l'ambitieux dessein de faire une révolution dans sa patrie, de réunir les Arabes sous une même loi pour se former un empire, & en acquérant chez les siens l'autorité souveraine, rendre son nom à jamais célébre chez les autres.

Mahomet comprit qu'avec de l'imposture, il ne lui seroit pas difficile de réussir chez uu peuple aussi grossier & ignorant qu'étoient les Arabes. Il usa d'artifice en formant un mélange de Religion accommodé au caractère & aux mœurs de ces peuples. Il disoit que Dieu avoit envoyé autrefois plusieurs prophétes pour instruire les hommes ; il nommoit entr'autres Abraham & Moïse, pour lesquels les Juifs avoient de la vénération, & quelques-uns qui n'étoient connus que des Arabes ; qu'enfuite Dieu avoit envoyé Jefus Chrift le plus grand de tous, qui étoit né par miracle, que c'étoit le Meffie, le Verbe de Dieu. Il ajoutoit que les Juifs & les Chrétiens ayant corrompu les Ecritures, Dieu avoit en dernier lieu envoyé Mahomet pour inftruire les Arabes. Il enfeigna que l'on devoit adorer un feul Dieu, & reconnoître Mahomet pour fon Prophéte, croire un Paradis, rempli de délices & de voluptés fenfuelles. Il prefcrivoit des ablutions & des jeûnes, l'abftinence de certaines viandes, la prière à des tems marqués ; permit la pluralité des femmes, & recommanda le pélerinage de la Mecque, pour vifiter ce temple pour lequel les Arabes avoient tant de vénération. Il feignit que Dieu fe communiquoit à lui par l'entremife de l'Ange Gabriël , & au moyen de ces artificieufes impoftures , il réuffit à fe donner un certain nombre de Difciples. Il répondoit à ceux qui lui demandoient des miracles pour prouver fa miffion , qu'il étoit envoyé pour prêcher la parole de Dieu , & que Dieu avoit déja fait affez de miracles par Moïfe & par Jefus-Chrift. Dès qu'il fe vit à la tête d'un parti un peu nombreux , à la place des miracles il employa la force & les armes, exhortant tous ceux qui le fuivoient à mettre l'épée à la main pour fa Religion , promettant le Paradis à ceux qui mourroient en combattant pour elle, & propofant comme une œuvre fouverainement méritoire de tuer les Infidéles. Il parvint de cette manière à subjuguer les Arabes qui étoient divisés en différentes tribus, & par le moyen des Arabes, lui & ses successeurs portèrent leur loi les armes à la main chez les autres nations.

On voit déja clairement par ce que je viens de dire, que l'établissement & les progrès du Mahométisme ne présente aucun caractère d'une œuvre sur-humaine; qu'il ne paroît rien en cela que ne pût exécuter un homme rusé & entreprenant dans les circonstances où s'est trouvé Mahomet. Les Arabes étoient ignorans, féroces & dissolus, Mahomet promit un Paradis tout sensuel, & permit la pluralité des femmes. Il accommoda les rits de sa Religion aux traditions des peuples; gagna à force d'impostures, la confiance d'un certain nombre de Disciples ; arma ensuite contre eux ceux qui voulurent lui résister, & les soumit avec d'autant plus de facilité, qu'ils étoient divisés ; & les ayant réunis sous ses étendards, il étendit sa Religion dans les autres pays par la terreur de ses armes. Ce n'est donc, comme on le voit, qu'une œuvre purement humaine. Mais la Religion chrétienne prescrivoit une honnêteté de mœurs très-sevère, ses dogmes & ses maximes étoient entiérement opposées aux traditions & aux opinions des Gentils, & cependant elle gagna en très-peu de tems un nombre innombrable de prosélytes de toutes les nations policées & barbares, & cela non par la force & avec tout ce que les hommes peuvent employer de puissance, non

avec des troupes vaillantes & vic-
torieuſes , mais par la pauvreté,
la conſtance & la patience dans les
tourmens de quelques pauvres pêcheurs , ſans armes , ni défenſe qui
la prêchoient. Ce n'eſt pas là certainement une œuvre de la main
des hommes , puiſque, humainement parlant, il n'étoit pas poſ-
ſible que l'Evangile prêché par
quelques pêcheurs , réſiſtât aux
forces de tant de Puiſſances con-
jurées pour l'anéantir.

Mais de plus, le Mahométiſme
préſente des preuves démonſtra-
tives d'une fauſſeté évidénte. 1°.
Mahomet voulant montrer dans
ſon Alcoran , qui eſt le livre de ſa
loi, un caractère de vérité qui puiſſe
le rendre croyable & gagner la confiance , dit : *Qu'il eſt la vérité , qui
confirme ce qui eſt contenu dans les*

Livres des Juifs. Il devoit parler ainſi ſans doute, dès qu'il ſe faiſoit gloire de vouloir rétablir l'ancienne Religion des Patriarches. Or il eſt très-évidemment faux que l'Alcoran ſoit la vérité qui confirme ce qui eſt dans les Livres des Juifs. Tout dans les Livres des Juifs & dans la Religion des Patiarches ſe rapporte à un Meſſie, qui devoit appeller toutes les nations à la connoiſſance du Dieu d'Iſraël, & ce Meſſie venu, le ſacrifice ancien devoit ceſſer pour être remplacé par un ſacrifice nouveau; ſacrifice très - pur, qui devoit être offert en tout lieu, au nom & en l'honneur du vrai Dieu, & il y avoit plus de ſix ſiécles qu'on en voyoit l'accompliſſement par la prédication de l'Evangile. C'eſt donc l'Evangile & non l'Alcoran qui eſt la vérité, qui confirme ce qui eſt dit dans les Livres des Juifs.

2°. L'Alcoran contient quantité d'erreurs manifeſtes & palpables : par exemple, en confondant Marie ſœur d'Aaron, avec Marie mere de Jeſus-Chriſt : c'eſt encore une erreur manifeſte de dire que les Juifs & les Chrétiens avoient gâté les Ecritures, comme ſi les Juifs avoient pu s'accorder autrefois avec les Samaritains pour corrompre le Pentateuque, & enſuite avec les Chrétiens pour altérer les Ecritures qui ſont communes aux uns & aux autres.

3°. L'Alcoran contient les erreurs les plus abſurdes contre la morale & le culte de Dieu. Il permet un culte idolâtre & ſuperſtitieux que les Arabes étoient en uſage de pratiquer dans les montagnes Arafat & Marva. Il excuſe de péché le reniement de Dieu par la crainte de la mort ; il excuſe pareillement la vengeance entre particuliers, pourvu qu'elle n'excéde pas l'injure reçue. Il dit que Dieu ne punira pas les juremens proférés inconſidérément. Il permet entre les perſonnes mariées des choſes qui bleſſent l'honnêteté & attribue aux Maîtres un pouvoir infâme ſur les perſonnes du ſexe qui ſont leurs eſclaves. Il promet que Dieu ſera indulgent pour celles qui étant forcées par leurs Maîtres auront fait un gain honteux en y conſentant, choſes toutes conformes à l'idée baſſe & aviliſſante qu'il donne du Paradis où, ſelon lui, c'eſt l'excès des plaiſirs ſenſuels, non la lumière pure de la vérité, non le parfait amour du bien, non la jouiſſance & la poſſeſſion de Dieu qui doivent faire la félicité de l'homme.

4°. Mahomet confeſſe que Jeſus eſt le Meſſie & le Verbe de Dieu ; or Jeſus-Chriſt a fondé une Egliſe où la vérité devoit être enſeignée juſqu'à la conſommation des ſiécles. Il s'enſuit que la confiance que les Mahométans font profeſ-ſion d'avoir en leur Prophéte les conduit à lui refuſer toute croyan-ce, puiſque s'il a dit la vérité en aſſurant que Jeſus eſt le Meſſie & le Verbe de Dieu, il a avancé une fauſſeté en ſoutenant que la vérité eſt altérée & corrompue dans cette Egliſe à laquelle Jeſus - Chriſt a promis ſon aſſiſtance juſqu'à la fin du monde : au contraire la Religion de Mahomet porte avec elle le principe de fa propre deftruction.

Le Judaïfme.

Le Judaïfme fut une Religion divine dans fon origine ; mais tout s'y rapportoit au Meffie promis, prédit & figuré en tant de manières dans l'ancien Teftament. Nous avons vu que toutes ces prophéties ont eu leur accompliffement de la manière la plus claire en la perfonne de Jefus-Chrift ; d'où il réfulte une étroite obligation pour les Juifs d'aujourd'hui, en vertu de leurs propres oracles, d'en examiner la vérité ; & à ce fujet il eft à propos de fe rappeller fommairement deux chofes ; l'une que le Meffie devoit appeller toutes les nations à la connoiffance du Dieu d'Ifraël ; l'autre, que l'avénement du Meffie devoit être fuivie

de la désolation de Juifs, & de la cessation totale du culte judaïque. Or
après l'avénement de Jesus-Christ,
la nation Juive fut dispersée, le
temple détruit , & l'ancien sacrifice aboli. Les plus anciens Rab-
bins, cités par M. Bossuet , ont
reconnu que la cessation de l'autorité suprême, arrivée au tems où
vivoit Jesus-Christ , étoit un signe
très - certain de l'avénement du
Messie. Par conséquent la loi même
de Moïse & les divines Ecritures que
les Juifs d'aujourd'hui ont en vénération , leur offrent des preuves
assez certaines pour leur donner
lieu de revenir de leur endurcisse-
ment opiniâtre , & de l'aveuglement dans lequel ils persistoient.

L'Eglise Grecque Schismatique.

Venons maintenant aux Grecs schismatiques : il est certain qu'au quatriéme siécle, lorsque sous l'Empereur Julien, la Religion Chrétienne fut justifiée, comme je l'ai dit, par le merveilleux témoignage qui fut rendu en faveur de sa perpétuité, les Orientaux étoient unis aux Latins par la profession d'une même foi ; ce ne fut qu'ensuite qu'arriva la séparation de l'Eglise Grecque de la Latine, dont l'entreprise de Michel Cérulaire fut la principale cause.

Il est aisé de reconnoître dans cette séparation le caractère du schisme & de l'erreur qui se trouve du côté des Grecs.

La perpétuité de la durée d'une seule Eglise Catholique & Apostolique est constatée par le symbole qu'ont retenu les mêmes Grecs, où est contenue la croyance à l'E-glise, (1) comme étant Une, Sainte, Catholique & Apostolique ; & comme le symbole ne peut errer en aucun tems, elle ne peut donc pas périr cette Eglise qui est Une, Sainte, Catholique & Apostolique, que l'on fait profession de croire dans le symbole.

Cette Eglise existoit avant la séparation, & les Grecs en recon-noissoient l'autorité : c'est un fait distinct.

Elle a donc dû se conserver de-puis la séparation, ou chez les Latins ou chez les Grecs : or, quand les Grecs se séparèrent des

----

(1) In Unam, Sanctam, Catholicam & Apostolicam Ecclesiam.

Latins, l'Eglife Latine ne changea
en aucune manière ; elle demeura
la même quant au dogme & à fa
difcipline, à fes rits qu'elle étoit
avant le fchifme. Or les Grecs ne
peuvent difconvenir qu'avant cette
funefte féparation , la véritable
Religion de Jefus - Chrift exiftoit
dans l'Eglife Latine ; puifqu'autrement elle ne fe feroit pas trouvée dans l'Eglife Grecque qui étoit
unie avec les Latins par la profeffion d'une même foi. Si donc l'E-
glife Latine a été la vraie Eglife
avant la féparation, il eft évident
qu'elle a continué & n'a pas ceffé
de l'être; étant vrai que la féparation des Grecs n'y a apporté aucun
changement.

Au contraire il s'eft fait de leur
côté un changement très-notable en
ce qu'ils ont renoncé à la Commu-

nion avec le siége de Pierre, que leurs Peres avoient toujours honoré comme la première de toutes les Eglises, & comme le centre de l'unité Catholique. Les schismatiques modernes reconnoissent l'autorité de sept premiers Conciles généraux, & ne peuvent nier que la primauté du siége de saint Pierre n'y ait été solemnellement reconnue, & non-seulement dans les premiers, mais encore dans les derniers & les plus voisins du schisme.

Ainsi les Grecs en se séparant des Latins, se sont écartés de la voie que leurs Peres avoient suivie, que leur avoient tracée les Athanase, les Chrysostôme, qui honoroient toujours dans le siége de Rome la primauté de saint Pierre. C'est donc chez eux qu'il

y eut du changement, & on pourra
toujours leur dire : Vos Peres pendant le cours de neuf cens ans ont
cru la primauté de Pierre, & vous
ne la croyez pas aujourd'hui; &
c'eſt par ce même changement
qu'ils ceſſèrent d'appartenir à la véritable Egliſe de Jeſus Chriſt qui
doit être toujours une, & toujours
la même par la même profeſſion
du ſymbole.

Ainſi cette Egliſe ſchiſmatique a
encore perdu le caractère de Catholique, exprimée dans le ſymbole, & qu'il eſt viſible que les
Latins ont retenu. Le ſchiſme eſt
reſtreint à quelques parties de l'O-
rient, encore y a-t-il pluſieurs
Egliſes Grecques & Orientales
qui perſévèrent à être unies de
Communion avec l'Egliſe Latine,
& concourent à former avec elle

une seule & même Eglise répandue dans toute la terre.

Les Schismatiques modernes ont de la vénération pour les Saints Peres de la primitive Eglise, tant Grecque que Latine : or ces Saints ont reconnu unanimement la primauté du siége de Rome : donc il reste dans la doctrine des Schismatiques mêmes un principe qui les rappelle à l'unité & à la catholicité, dont leurs Peres ont fait constamment profession en conservant la subordination, selon l'ordre de la hiérarchie, au successeur du Prince des Apôtres.

Des Novateurs.

Ces raisonnemens peuvent être encore mieux employés à l'égard des Luthériens, des Calvinistes, des Zuingliens & de tant d'autres hérétiques & de sectaires sans fin.

Luther, Calvin, & les autres chefs des différentes sectes, ont innové dans la doctrine qu'ils avoient sucée avec le lait dans l'Eglise. Ils ont rejetté beaucoup d'articles de la doctrine chrétienne que l'Eglise enseignoit universellement. Si ces articles eussent été des erreurs, comme ils le prétendent, l'assistance du Saint-Esprit auroit manqué à l'Eglise avant la consommation des siécles ; le tems seroit venu auquel les fidéles n'auroient pas dû en entendre la voix ; ce qui est manifestement contre la promesse & le précepte de Jesus-Christ.

Luther, Calvin, Zuingle & les autres sectaires, ont varié continuellement dans leur doctrine, & cette maniere de varier sans cesse

a paffé à leurs fectateurs, chofe
manifeftement contraire à l'infti-
tution de l'Eglife de Jefus-Chrift,
où la vérité devoit être permanente & inaltérable comme un dépôt qui lui étoit confié pour être
invariablement (1) confervé, &
pour la confervation duquel l'affiftance du Saint-Efprit lui avoit
été promife jufqu'à la fin du monde.

Ces Novateurs, en s'éloignant
de l'enfeignement de l'Eglife, font
tombés dans des erreurs palpables
& manifeftement injurieufes à la
fainteté de Dieu. Ils ont dit que
Dieu pouffe au péché & qu'il le
veut; qu'il n'eft pas moins auteur
de la trahifon de Judas que de la
pénitence de faint Pierre; que les
œuvres qui font bonnes de leur

------

(1) II. à Tim. 1, 12, II, II.

nature, de quelque manière qu'elles soient faites, font des péchés devant Dieu en ceux qui ne font pas régénérés ; & d'autres principes aussi horribles par lesquels on peut juger de leur doctrine, comme on connoît la nature d'une plante au fruit qu'elle produit.

En vain fe rejettent - ils fur les abus qu'ils difent s'être introduits dans l'Eglife, ce n'eft qu'un prétexte frivole. Jefus-Chrift a prédit qu'il s'éleveroit des fcandales & des abus parmi les fidéles, & cependant il n'a pas laiffé de recommander aux fidéles de demeurer unis à l'Eglife, fuppofant bien qu'il peut arriver que par un effet de la foibleffe humaine il y ait des abus qui foient tolérés par certains Pafteurs, mais non pas qu'il foit poffible que l'Eglife, toujours fou-

tenue par l'affiftance du Saint-Efprit, erre jamais dans fon enfeignement, dans fa doctrine. Rejettant l'autorité de l'Eglife, ils veu-
lent que tout fe décide par le texte
même des Ecritures ; puis ils laif-
fent la liberté à chacun de con-
centrer l'Eglife en lui feul, en donnant à chacun le pouvoir d'inter-
prêter les Ecritures felon fon fen-
timent particulier.

On verra par les réflexions fuivantes s'il y a de la raifon dans un
tel principe. Saint (1) Pierre dit
clairement que l'Ecriture ne doit
pas s'expliquer par une interprétation particuliere ; & en parlant
des Epîtres de faint Paul, il ob-
ferve qu'il s'y rencontre des endroits difficiles à entendre, que

------

(1) II. Pier. l. 20.

des hommes ignorans & legers détournent aussi-bien que les autres Ecritures à de mauvais sens pour leur propre perte.

Il est démontré par l'exemple des Novateurs mêmes, que rien n'est plus faux que la régle de l'esprit particulier. Ils n'ont jamais pu s'accorder entr'eux sur le sens dans lequel on doit entendre les Ecritures, même sur les points de leur confession les plus essentiels, tels que sont ceux qui regardent le mystère de la Trinité, la divinité de Jesus-Christ, le Sacrement de l'Eucharistie, l'éternité des peines, &c. C'est pourquoi on peut dire qu'ils sont divisés en autant de sectes qu'il y a de têtes. Saint Paul pensant bien différemment (1), re-

____

(1) I. aux Cor. I.

commande l'unanimité de sentimens dans une même régle de foi ,
comme faisant un caractère propre
à la profession du christianisme.

Introduire l'esprit particulier ,
c'est ôter absolument cette unanimité. Si un Législateur pour fon-
der un Etat , formoit un corps de
loix , & se contentoit ensuite de
les publier , laissant à tout le monde , jusqu'au dernier homme du
peuple à les entendre à sa façon &
à son gré , il est visible que chacun
tourneroit la loi à son avantage &
à sa fantaisie , & qu'au lieu de l'har-
monie d'une bonne intelligence
que voudroit établir le Législateur,
on y verroit régner la discorde &
la confusion la plus horrible.

Tel est à la lettre le systême que
les Novateurs ont introduit dans la
religion. Pour avoir donné à chacun

le droit d'interpréter chacun les Ecritures à son gré, ils se sont divisés sur tous les articles de la Religion, l'on peut assurer nettement que, s'ils vouloient s'assembler aujourd'hui pour former une profession de foi, il leur seroit impossible de s'accorder pleinement sur ce point-ci, que Jesus-Christ est le Messie; point que Mahomet même a confessé dans son Alcoran.

Il arrive de-là qu'aucun des Novateurs ne peut prendre confiance en aucune instruction de ses Ministres, sa religion même l'oblige à s'en défier, parce qu'ils ont pour maxime que non-seulement un Ministre en particulier, mais toute assemblée des Ministres est sujette à errer, & que le chrétien seul est juge compétent du sens dans lequel doit être entendue l'Ecriture.

C'eſt pourquoi pour s'aſſurer de ce qui doit faire l'objet de leur croyance, ils devroient tous, juſqu'à ceux du plus bas peuple & aux artiſans, lire les Ecritures, non-ſeulement dans les verſions courantes, mais dans les textes mêmes originaux. Il ne ſuffit pas pour lever cette difficulté, de répondre que les articles fondamentaux ſont clairs pour tout le monde, d'autant qu'il eſt faux, en premier lieu, qu'ils aient jamais pu convenir tous parfaitement ſur la maniere de fixer ces articles ; & en ſecond lieu, il ne faudroit pas moins malgré cela que chaque particulier, en vertu de leurs principes, examinât & diſcutât d'après une étude profonde de l'Ecriture quels ſont ces articles fondamentaux, & s'il n'y en a pas plus ou moins que ceux qui ont fait tant de fois le sujet des disputes de leurs Docteurs.

Ainsi la Religion des Protestans renferme un principe interne de destruction : puisque tout homme qui y est élevé, doit par principe de religion douter de tout ce qui lui est enseigné, & qu'il est obligé, pour s'assurer de sa croyance, de faire un examen, impossible à la plus grande partie des hommes. La condition des fidéles dans les premiers tems de l'établissement de l'Eglise, fut bien différente, comme on le voit par le Concile de Jérusalem, dont la décision fut proposée avec autorité comme l'oracle du Saint-Esprit. En vertu de ce principe, le catholique n'a jamais lieu d'hésiter & d'avoir de l'inquiétude sur sa croyance, étant toujours assuré par l'autorité de l'Eglife, à qui l'affiftance du même Efprit divin a été promife pour tous les fiécles à venir.

Réflexions fûres contre les Novateurs en particulier.

Pour faire voir plus diftinctement combien s'abufent ceux qui, en rejettant l'autorité de l'Eglife, recourrent aux Ecritures pour juger par leurs propres lumières des difputes qui s'élévent fur les matières de la foi, je vais expofer quelques principes, dont la vérité & la certitude ne peuvent être conteftées par qui que ce foit qui veuille procéder avec droiture & avec fincérité.

Conféquemment, j'établis comme certaines & indubitables, les propofitions fuivantes :

Que l'Eglife de Jefus - Chrift

exiſtoit avant que fût écrit aucun Livre du Nouveau Teſtament.

Que les Apôtres choiſis par Jesus-Chriſt, & les Paſteurs établis ſucceſſivement par les Apôtres (1), exerçoient le miniſtère de la prédication & de l'enſeignement, la diſpenſation des divins Myſtères, & la puiſſance de remettre les péchés : que par conféquent dans les premiers tems , & avant que le Nouveau Teſtament fût écrit, c'étoit en vertu de la puiſſance, & par l'autorité qu'ils tenoient de Jesus-Chriſt qu'ils enſeignoient, difpenſoient les divins Myſteres , remettoient ou retenoient les péchés.

Que les Auteurs inſpirés de Dieu, qui ont écrit ſucceſſivement les

______

(1) Act. c. 16, 4, c. 20.

Livres qui composent le Nouveau Testament, ne les ont pas écrits pour donner atteinte à la constitution primitive de l'Eglise fondée par Jesus-Christ, qu'ils n'ont ôté en aucune maniere aux Pasteurs l'autorité de l'enseignement, & n'ont point dispensé les fidéles de l'obligation de les entendre : au contraire, même l'une & l'autre sont clairement énoncées & confirmées en plusieurs endroits de l'Ancien Testament. Outre cela, nous sçavons que ces Livres se lisoient publiquement dans les Eglises, les Pasteurs y présidant, & que la lecture qui s'en faisoit au peuple, étoit accompagnée d'une instruction & de l'enseignement de ces mêmes Pasteurs qui en donnoient l'explication. On entend encore par-là, comme le disoit

saint Pierre, que l'interprétation
de l'Ecriture ne doit pas se faire
par la voie de l'esprit particulier,
& comment les choses difficiles à
entendre dans les Epîtres de saint
Paul, que des hommes inconsidé-
rés tournoient à leur perte en les
interprétant à leur gré, faisoient
dans l'Eglise le sujet d'une très-
grande édification, étant annon-
cées & expliquées aux fidéles par
l'enseignement & l'autorité des Pasteurs. Ce qui fait voir que dès ces
premiers tems, l'autorité nécessaire
pour interpréter les Ecritures faisoit partie de l'enseignement que
J. C. avoit attribué aux Pasteurs.

Il est donc évident que quand
les Livres du Nouveau Testament
ont été écrits & adressés aux fidéles, on ne leur a pas dit : Prenez
ces Livres, lisez-les, & entendez-

les à votre gré ; mais recevez ces Livres que l'Eglise vous préfente, & écoutez-la comme vous avez fait jufqu'à préfent, afin de les entendre fainement pour votre inftruction & votre avantage fpirituel.

Il eft certain que l'autorité du miniftère que Jefus-Chrift a donné à fes Apôtres a été tranfmife par eux, & communiquée aux autres Pafteurs, comme de faint Paul à Timothée & à Tite par un rit de confécration, qu'on a appellé impofition des mains & ordination. Il eft certain que ces Pafteurs étoient très-étroitement unis par le lien d'une même communion fous un premier Pafteur qui fut faint Pierre, felon qu'il eft nommé très-diftinctement dans l'Evangile.

Timothée & Tite, étant établis Pafteurs par l'impofition des

mains, reçurent alors, & non auparavant, le pouvoir d'ordonner
d'autres Pasteurs, comme on le
voit par les régles mêmes que saint
Paul leur prescrivit à ce sujet.

C'est pourquoi dans l'institution
de la primitive Eglise, les assemblées des simples fidéles ne s'arro-
gèrent jamais l'autorité du ministère apostolique. Jesus-Christ la
conféra aux Apôtres, les Apôtres
la communiquèrent aux Ministres
qu'ils établirent par le rit sacré de
l'ordination, & ceux-ci aux autres
successivement : ainsi se fit dès le
commencement, & non autrement,
la propagation du ministere apostolique, & tel il doit durer, en vertu
de l'assistance promise par Jesus-
Christ jusqu'à la fin du monde.

Il s'ensuit clairement de-là que
l'enseignement auquel est jointe la

conſervation du dépôt de la foi, & la diſpenſation des divers Myſtères, ſont des choſes unies au miniſtère apoſtolique par l'état même conſtitutif de l'Egliſe, pour y être conſervées & perpétuées au moyen de la perpétuité du ſacerdoce.

La perpétuité du ſacerdoce avec le même rit, par lequel il fut communiqué dès le tems des Apôtres, eſt claire & conſtante dans l'Egliſe Catholique juſqu'à notre tems, auſſi-bien que la perpétuité de l'union primitive de toutes les Egliſes ſous un Chef viſible : donc, ce n'eſt que chez elle que s'eſt pu perpétuer, en vertu de ſa premiere inſtitution, l'autorité de l'enſeignement, la conſervation du dépôt de la foi, & la légitime diſpenſation des divins Myſtères.

La continuation du facerdoce s'eft rompue chez les Proteftans, c'eft pourquoi il n'eft pas étonnant que la fucceffion apoftolique fe foit perdue chez eux, & que le dépôt de la foi, qui eft le lien de communion, ne s'y trouve plus, & que s'étant éloignés de l'Eglife, qui eft la colonne de la vérité, ils fe foient laiffés emporter à tout vent de doctrine, comme il paroît par leurs changemens perpétuels & leurs variations fans fin dans leurs enfeignemens, leurs principes.

Il faut conclure de-là que le pouvoir de remettre les péchés n'a pu leur demeurer non plus, puifqu'il a été attaché par Jefus-Chrift même au miniftère apoftolique, qui n'a pu être perpétué qu'avec le rit pratiqué par les Apôtres.

C'eſt donc en vain que les Novateurs ſe flattent qu'en ſuivant la
lettre de l'Evangile, & en vivant
honnêtement ils ne ſeront pas ré-
prouvés de Dieu, l'Evangile même
les réprouve hautement. Quelle
que ſoit l'honnêteté dont ils ſe glo-
rifient, ils ne diront pas certainement qu'ils ſont ſans péché, &
qu'ils n'ont pas beſoin que Dieu
leur remette ceux dont ils ſe ſont
rendus coupables : qu'ils liſent donc
l'Evangile, & ils verront que Dieu
par ſa miſéricorde infinie, a ouvert
aux hommes la voie de la récon-
ciliation par les mérites de Jeſus-
Chriſt ſon Fils, mais que Jeſus-
Chriſt a voulu attacher cette ré-
conciliation à certaines conditions.
La premiere eſt celle du (1) Baptême,

____

(1) Catéch. du Conc. de Tr.

tême, dont les Evêques & les Pré-
lats font les Miniftres (1) ordinaires: Enfuite celle de la Pénitence,

---

(1) J'obferverai ici pour l'inftruction de ceux qui pourront en avoir befoin, que quoique l'adminiftration du baptême appartienne feulement aux Evêques & aux Prêtres, comme propre à leur office, & extraordinairement aux Diacres ; cependant, en cas de néceffité, toute perfonne peut baptifer, foit homme ou femme, & même les hérétiques & les infidéles, de quelque efpéce qu'ils foient, pourvu que l'on emploie la matière, la forme & l'intention néceffaire ; en obfervant cependant que pour cette adminiftration un Eccléfiaftique doit être préféré à un Laïc, un homme à une femme, & un fidéle, s'il en eft capable, à un infidéle. Par conféquent le baptême donné par des infidéles avec la matière, la forme & l'intention requifes, eft un vrai baptême, & ne peut fe réitérer. Ainfi les enfans baptifés de cette manière chez les hérétiques deviennent membres de l'Eglife, & lui demeurent unis, à moins que, parvenus à faire ufage de leur raifon : ils ne s'en féparent en adhérant volontairement aux erreurs qu'elle con-

en ayant attaché de la maniere la plus expreffe au miniftère apofto-lique & facerdotal le pouvoir de remettre & de retenir les péchés. Comment peuvent - ils donc fe flatter d'obtenir la rémiffion de leurs péchés, rémiffion fi néceffai-re , par une autre voie que celle que Jefus-Chrift a établie ?

Il eft clair que Jefus - Chrift a donné à fes Apôtres, pour eux &

---

damne. Lorfqu'on vient à perdre par quel-que péché mortel la grace reçue dans le bap-tême , on ne peut la recouvrer que par le moyen de la pénitence, jointe à la confeffion facramentelle, ou au vœu de ce Sacrement ; & il n'y a que les Pafteurs & les Prêtres approu-vés par l'Eglife qui puiffent en être les Mini-ftres , felon la parole de Jefus - Chrift, en vertu de laquelle il voulut accorder à fes Apô-tres & à leurs fucceffeurs dans le miniftère apoftolique & facerdotal, la puiffance de re-mettre & de retenir les péchés, comme il a été dit ci-deffus.

q pour leurs succeſſeurs, le pouvoir
b de remettre les péchés. C'eſt donc
s être aveugle que d'eſpérer qu'on
s aura la rémiſſion des ſiens, indépendamment & au mépris de la
diſpoſition qu'a fait Jeſus-Chriſt,
& qui ſe conſerve dans l'Egliſe
Catholique.

De tout cela il eſt aiſé de comprendre que Dieu nous a fait une
grande grace en nous faiſant naître
dans le ſein de cette Egliſe qui eſt
une, par la communion d'une
même foi, qui eſt Sainte, par la
pureté & l'efficacité de ſa doctrine,
qui eſt Catholique, parce qu'elle
eſt répandue dans toutes les parties
de la terre, & qui s'étant étendue &
reproduite ſans ceſſe par une ſuite
de Paſteurs qui n'a jamais été interrompue depuis le tems des Apôtres,
ſe glorifie avec raiſon, d'être nom-

mée Apostolique. Enfin, avec la succession du Sacerdoce, le lien de la communion primitive s'y est maintenu inviolablement; par conséquent elle a conservé tous les caractères de sa primitive institution.

Elle nous met donc à l'abri de tout danger d'erreur, & nous devons y croire fermement, assurés par la promesse de Jesus-Christ & par l'immutabilité du dogme exprimé dans le symbole : c'est dans son sein que nous pouvons & devons espérer la rémission de nos péchés par la puissance que lui a accordée Jesus-Christ même.

Si tous les saints Personnages qui florissoient au tems de Julien, ces Hommes si vénérables par l'éclat de leur sagesse & de leur éminente sainteté ; un Hilaire, un

'Athanafe , un Bafile , un Grégoire de Nazianze , un Jean Chryfoftô-me , un Cyrille de Jérufalem : fi , dis-je , ils revenoient dans l'Eglife , malgré les révolutions de tant de fiécles, ils y reconnoîtroient bien-tôt la forme & la conftitution de celle dans laquelle ils ont été éle-vés ; ils y retrouveroient le même dogme, les mêmes Sacremens , la hiérarchie compofée d'Evêques , de Prêtres & de Miniftres comme elle étoit ; les mêmes fonctions fa-cerdotales , l'augufte facrifice de la Meffe offert pour les vivans & pour les morts , la Communion avec le fiége de Pierre , comme centre de l'unité catholique , & comme la Mere & la premiere de toutes les Eglifes ; la vénération pour les Saints, pour leurs reliques & leurs images. C'eft donc en elle

& non dans les communions qui en font féparées, qu'ils reconnoî- troient l'Eglife dans laquelle ils ont vécu.

Or la Doctrine chrétienne que je dois vous enfeigner, mon Fils, eft la même que celle que ces faints Perfonnages enfeignèrent autrefois à leurs peuples ; & ils ne l'avoient pas inventée, mais ils l'avoient re- çue de leurs prédéceffeurs de main en main. La même promeffe de Je- fus-Chrift qui la conferva jufqu'à faint Damafe, qui vivoit dans ce tems-là, l'a de même invariable- ment confervée fous les fouverains Pontifes qui ont fuivi & qui fe font fuccédés jufqu'au Pontificat de Clément XIV, à préfent régnant. Dieu l'a confervée pour vous, pour le falut de votre ame, rache- tée du propre fang de Jefus-Chrift son Fils à jamais béni, afin qu'instruit à marcher dans les voies du Seigneur, vous profitiez des principes & des maximes de sa Religion sainte, pour votre sanctification & votre salut éternel.

F I N.

TABLE DES CHAPITRES

Contenus dans cet Ouvrage.

Fin de la Table.

LETTRE

A M. DE S. R.

*SUR les Réflexions Morales,
mises en ordre par M. Amelot
de la Houssaye.*

Par le P. DELIVOY, Barnabite.

AVERTISSEMENT.

En matière d'obſervations &
de critique des ouvrages d'autrui, Deſpréaux l'a dit ,

« Chacun à ce métier,
» Peut perdre impunément de l'encre & du papier. »

Conséquemment la Critique eſt
un vaſte champ, une commune ;
ou, ſi l'on veut, un pays de
conquête où chacun peut faire
irruption à ſon gré, & ſelon ſes
intérêts.

D'autre part, le célébre Bacon
a dit des Critiques « qu'ils ſont
» comme les Valets de Cham-
» bre qui vergètent les habits
» des Seigneurs ». Ce mot eſt
un badinage ſans doutequi ne

peut faire régle, & n'eſt pas à beaucoup près applicable à tous les Critiques, qui ſont ſouvent fort ſupérieurs à ceux dont ils redreſſent les torts & reprennent les écarts. Qu'on me l'applique cependant tant qu'on voudra relativement au petit Ecrit que je préſente, j'y conſens, pourvu qu'on ne m'attribue rien du mot de Deſpréaux. Etablis uniquement pour trouver le vrai, la critique & ceux qui l'exercent ne doivent pas avoir d'autre intérêt ni d'autre objet : c'eſt auſſi ce que je me ſuis propoſé uniquement. Mais l'ai-je trouvé en effet ? Le Public en jugera.

LETTRE

LETTRE

a M. DE S. .R

*Sur les Réflexions Morales,
mises en ordre par M. Amelot
de la Houssaye.*

MONSIEUR,

Vous me demandez mon sen-
timent sur le Livre des *Réflexions
Morales*. L'excellence du Livre,
aussi - bien que le mérite de celui
qu'on en dit être l'Auteur, me pré-
viennent pour l'un & pour l'autre
d'une vénération qui m'interdiroit
à jamais toute observation, si la
proposition que vous m'en faites

ne devenoit pour moi une loi in-
difpenfable.

Ces *Réflexions*, *Maximes* ou *Sen-*
tences Morales, mifes en ordre par
M. Amelot de la Houffaye, font
proprement *la Satyre de l'Homme* ;
elles lui apprennent à fe corrriger,
en lui découvrant fes défauts ; c'eft
un miroir dans lequel on fe voit
tel qu'on eft, un tableau dont le
jour & les ombres font également
fortir la peinture ; mais tel qu'il
eft, il me femble qu'il n'eft pas
exempt de défauts. Vous en avez
remarquez, il ne me refte qu'à les
difcuter le plus brièvement que je
pourrai, pour éviter de vous ennuyer, en même-tems que je tâ-
cherai de répondre à ce que vous
demandez de moi : heureux fi je
puis, par la juftefle de mes rai-
fonnemens, vous faire faire ex-

cuſer les défauts de mon ſtyle.

Mais avant que d'entrer dans le détail des propoſitions que je vais examiner, il me paroît à propos de faire quelques obſervations ſur le diſcours préliminaire.

Entr'autres chefs, on entreprend de juſtifier, ou du moins d'excuſer l'Auteur ſur ce que quelques-unes de ſes réflexions ſont obſcures, d'autres trop générales, pluſieurs enfin défectueuſes & peu juſtes.

Celui qui a fait le diſcours eſt le même qui a fait les notes hiſtoriques & politiques que l'on voit au bas de chaque page. N'auroit-il donc pas pu y joindre d'autres notes *critiques* pour éclaircir, reſtreindre ou rectifier les propoſitions en queſtion ? Sans notes même, il pouvoit n'inſérer ces propoſitions qu'après les avoir

préalablement revues & corrigées,
ou bien les retrancher tout-à-fait,
si elles ne lui paroiſſoient pas de
nature à pouvoir être rectifiées.
Avouer, comme il fait, les défauts
d'un Livre ſans les corriger, ni
même les indiquer, c'eſt laiſſer
l'ouvrage dans ſon imperfection,
& expoſer le Lecteur à prendre le
change, & à adopter l'erreur pour
la vérité, s'il n'eſt pas aſſez éclairé
pour en faire un juſte diſcernement.
Prévenu de l'avis qu'on lui donne
il peut, ſe laiſſant conduire par ſon
propre goût, attribuer du faux à
telle propoſition qui ſera vraie
dans toute ſon étendue, & regarder comme vraie telle autre
convaincue de faux au tribunal du
bon ſens.

Si le Commentateur avoit ſuivi
l'une des méthodes dont je viens

de parler, au lieu de raifonner
dans un difcours, qui, malgré
toute fon élégance, n'aboutit à
rien; n'eft-il pas vrai qu'il auroit
jetté une grande lumière fur tout
l'ouvrage, qu'on lui auroit obligation d'avoir levé toutes les difficultés & tous les doutes qu'on
peut avoir fur. plufieurs propofitions, & qu'alors les *Réflexions
Morales* auroient acquis beaucoup
plus de crédit & d'autorité ? Mais
à quoi bon me plaindre d'une omif-
fion, dont je dois au contraire lui
fçavoir très-bon gré, puifqu'elle
me donne occafion, en fuppléant
à fon défaut, de vous marquer mon
fincère attachement.

Pour ne point embrouiller la matière, autant que pour ma com-
modité, je prendrai les propofitions féparément, & dans l'ordre

où les a mises M. Amelot. Vous verrez par la comparaison de mes raisons avec les propositions en question, à quoi vous devez vous en tenir.

RÉFLEXIONS MORALES.

ACCENT DU PAYS.

L'accent & le caractère du pays où l'on est né demeure dans l'esprit & dans le cœur comme dans le langage. Page 20.

CRITIQUE.

S'IL en est du caractère du pays comme de l'accent, cette réflexion n'est pas toujours vraie. Nous en avons une preuve bien remarquable en la personne de M. de Varillas, natif de Gueret, l'un des plus célébres Ecrivains du dernier siécle. Rien de plus poli que son style & sa diction, rien de plus grossier que le langage de son pays. Ce qui lui a réussi peut également réussir à d'autres qui y donneront la même attention que lui.

A v

RÉFLEXIONS MORALES.

ACTIONS.

Nos actions sont comme les bout-rimés que chacun fait rapporter à ce qu'il lui plaît. P. 33.

CRITIQUE.

Il est en toutes choses un rapport si direct & si nécessaire des unes aux autres, qu'aucune des différentes manières de les concevoir n'y peut absolument rien changer ; d'où vient l'axiôme, connu des Philosophes, *intellectus noster nil ponit in rebus.* Ce rapport, dans nos actions, vient de la cause & du motif qui les produisent. Si on ne fait rien, selon l'Auteur même que je critique, que par amour de Dieu ou par amour de soi - même, il s'enfuit que nos actions ne peuvent avoir que l'une ou l'autre de ces deux fins , & par conséquent l'un ou l'autre de ces deux rapports. Il eſt vrai qu'on peut en raiſonnant moins exactement, s'imaginer une autre fin & un autre rapport de ſes actions , mais on ne leur en donnera réellement point d'autre.

RÉFLEXIONS MORALES.

AFFECTATION.

Nous gagnerions plus de nous laiſſer voir tels que nous ſommes , que d'eſſayer de paroître ce que nous ne ſommes pas. P. 34.

CRITIQUE.

Cette maxime eſt bonne pour tout le monde , à la réſerve des hypocrites , qui, s'ils étoient démaſqués, perdroient ſans contredit, au lieu de gagner.

RÉFLEXIONS MORALES.

AFFLICTION.

On perd quelquefois des per-
sonnes qu'on regrette plus qu'on
n'en est affligé. P. 36.

CRITIQUE.

Le regret & l'affliction que nous
ressentons de la perte des choses ou
des personnes, ne vient que de la
privation où se trouve notre amour
propre, ou notre intérêt ; c'est selon
la mesure de l'utilité que nous en re-
tirions que nous en ressentons plus
ou moins la perte. Si notre amour
propre alors , ou notre intérêt nous
la fait regretter, comment se peut-il
que nous la regrettions sans en être
en même tems affligés. Tant que
nous sommes conduits par l'une
ou l'autre de ces deux passions , il

est impossible que nous ne soyons sensiblement touchés de ce qui nous arrive de contraire à nos inclinations. Il est vrai, si nous considérons dans toutes ses faces la personne, ou la chose que nous avons perdue, nous n'en serons pas également affligés; mais aussi ne la regretterons - nous pas également selon tous les points de vue où nous nous la représenterons. Tel Maître aimoit son domestique, parce qu'il étoit actif, industrieux, fidéle, désintéressé; & le haïssoit souverainement à cause de son ivrognerie. Il vient de le perdre, il le regrette pour l'avantage qu'il en retiroit; il est de même affligé de sa perte, à proportion de ce qu'il le regrette, parce que son intérêt en souffre.

Autre preuve que le regret &

l'affliction ſont inſéparables. Le regret, pour être véritable doit être intérieur & partir du cœur; s'il eſt intérieur & qu'il parte du cœur, il n'en vient qu'en conſéquence des ſentimens d'amour ou d'amitié que nous avions pour la perſonne ou la choſe que nous regrettons; notre cœur alors éprouve une douleur plus ou moins vive, ſelon l'étendue des ſentimens, & cette douleur n'eſt autre que l'affliction.

En deux mots, il ne nous arrive point de mal qui ne ſoit pour nous une perte; il n'eſt donc point de regret qui ne ſoit affliction.

Tout ce qu'on pourroit oppoſer, c'eſt peut-être que l'affliction, comme genre, comprendroit toutes les douleurs intérieures, & que le regret n'en ſeroit qu'une eſpéce;

mais alors on n'éviteroit pas ma difficulté, & je pourrois toujours dire que la cause influant dans ses effets, & les espéces participant du genre, si le regret n'est pas affliction en général, il l'est du moins en particulier.

Au reste, toute l'erreur vient de ce que l'on prend les signes de l'affliction pour l'affliction même, & j'avoue que ces signes ne se rencontrent pas toujours avec le regret. Rien en effet de plus ordinaire que de trouver des personnes qui, avec le regret le plus vif & le plus sincère, paroissent dans un état tranquille & serein ; mais elles n'en sont pas moins réellement affligées intérieurement, & l'on peut dire seulement qu'elles ont assez d'empire sur elles-mêmes pour ne point laisser transpirer au dehors ce

qu'elles reſſentent. Si, dans la réflexion que j'examine, on a eu en vue
ces perſonnes, à la bonne heure ;
mais elle eſt mal exprimée, il auroit fallu dire, *qu'on perd quelque-*
fois des perſonnes qu'on regrette plus
qu'on n'en paroît affligé.

RÉFLEXIONS MORALES.

AMBITION.

Lorſque les grands hommes ſe
laiſſent abattre par la longueur de
leurs infortunes, ils font voir qu'ils
ne les ſoutenoient que par la force
de leur ambition, & non par celle
de leur ame ; & qu'à une grande
vanité près, les héros ſont faits
comme les autres hommes. P. 37.

CRITIQUE.

Il s'enſuivroit que la force de

l'ame dans les grands hommes pourroit toujours être égale. Elle le
pourroit, il eſt vrai, ſi la durée des
ſentimens, qui ſeuls font la force
de l'ame, pouvoit être permanente.
Notre inconſtance naturelle, dont
nous ſommes plus ou moins les
jouets, nous apprend aſſez le contraire; & il en réſulte que *les grands
hommes qui ſe laiſſent abattre par la
longueur de leurs infortunes*, peuvent
auſſi les avoir ſoutenues par la force
de leur ame; force qui leur a man-
quée, lorſque changeant de ſentimens, ils ſe ſont laiſſés abattre. Ce
n'eſt donc pas toujours la force de
leur ambition qui les ſoutient. Il n'eſt
pas plus vrai *qu'à une grande vanité
près, les héros ſoient faits comme les
autres hommes*, puiſqu'il eſt conſtant
que s'ils ont une grande vanité, ils
ont d'ailleurs de grandes qualités

qui les diftinguent des autres hommes.

RÉFLEXIONS MORALES. Id.

La modération eft la langueur & la pareffe de l'ame, comme l'ambition en eft l'activité & l'ar-deur. P. 38.

CRITIQUE.

Si la modération eft la langueur & la pareffe de l'ame, qu'eft-ce que la pareffe? Eft-elle la modération?

La modération tient le milieu entre la pareffe & l'emportement; ce n'eft point une langueur qui mettroit l'ame hors d'état d'en venir à l'action, mais un jufte tempéra-ment qui, dirigé par la prudence, n'exclut point la vivacité des mou-vemens lorfqu'elle eft néceffaire.

Il y a bien de la différence entre ce qu'on appelle *être modéré & être*

pareffeux : les termes feuls fuffifent
pour la faire fentir.

RÉFLEXIONS MORALES.

A m e.

*Les grandes ames ne font pas
celles qui ont moins de paffions,
& plus de vertu que les communes, mais celles feulement qui
ont des plus grands deffeins.* P. 39.

Critique.

On conclura de ce raifonnement
qu'en effet il n'y a point de *grandes
ames*, & que la grandeur d'ame eft
une qualité purement imaginaire ;
puifque les ames ne différeront, ni
par les paffions plus ou moins
grandes, ni par le plus ou le moins
de vertu, mais par de plus grands
deffeins, c'eft-à-dire, par l'apparence feule : comme fi ce n'étoit
pas le plus ou le moins de paffion ou

de vertu qui rendît l'ame plus ou
moins capable des entreprifes plus
ou moins grandes? Comme fi le plus
ou le moins de paffion ou de vertu
ne donnoit pas à l'ame plus ou
moins de force, de fermeté & de
conftance pour concevoir des deffeins plus ou moins grands ? Mais
l'Auteur fe trompe encore ici : les
grandes ames ne font pas celles
qui ont feulement de plus grands
deffeins , ce font celles qui font
en même tems plus capables de les
pouffer à bout.

RÉFLEXIONS MORALES.

AMITIÉ.

*Ce que les hommes ont nommé
amitié n'eft qu'une fociété , qu'un
ménagement réciproque d'intérêt,
& qu'un échange de bons offices ;
ce n'eft enfin qu'un commerce où*

l'amour propre se propose toujours quelque chose à gagner. P. 40.

CRITIQUE.

Quoi qu'en dise notre Auteur, il est des personnes que leur mérite seul fait aimer autant qu'estimer : des sentimens de vertu que la nature a mis dans notre cœur, & que le péché n'y a point entierement étouffés, nous portent d'abord vers elles ; nous les aimons parce qu'elles sont aimables. Nous pouvons joindre à cette amitié quelques réflexions sur le plaisir & la satisfaction que nous trouvons à avoir de l'amitié pour elles ; mais ces réflexions ne viendront qu'après coup, & je pourrai toujours dire que, du moins en premier lieu, le motif de notre amitié peut être pur & désintéressé.

RÉFLEXIONS MORALES.

AMOUR.

La plus juste comparaison que l'on puisse faire de l'amour est celle de la fièvre. Nous n'avons non plus de pouvoir sur l'un que sur l'autre, soit pour sa violence, soit pour sa durée. P. 47.

CRITIQUE.

Cette comparaison, la moins fausse, à la vérité, que l'on puisse faire, n'est pas néanmoins tout-à-fait juste. Si nous n'avons pas de pouvoir sur la violence & la durée de la fiévre par les remédes, nous en avons sur l'amour par la Religion. L'amour profane cesse où commence l'amour divin. Les remédes les plus spécifiques ne font souvent qu'augmenter la violence de la fiévre ; l'amour divin amortit & éteint tellement en nous l'amour profane, qu'il n'y pourra même jamais revivre, tant que le feu sacré de l'amour de Dieu nous embrasera.

RÉFLEXIONS MORALES. Id.

Il est impossible d'aimer une seconde fois ce qu'on a véritablement cessé d'aimer. P. 49.

CRITIQUE.

Chose très-difficile, à la bonne-heure ; mais que je ne puis croire absolument impossible, sur-tout si l'on considere l'inconstance & la légereté du cœur de l'homme.

Voilà l'homme en effet , il va du blanc au noir ;
Il condamne au matin ses sentimens du soir. *Despr.*

Le peu d'empire que l'on a sur ses passions n'est pas la moindre cause

de ces alternatives d'indifférence
& d'amour.

RÉFLEXIONS MORALES. Id.

Quand on aime on doute fou-vent de ce qu'on croit le plus.
P. 49.

CRITIQUE.

Cette réflexion contient une
contradiction manifeste ou un pa-
radoxe très-obfcur. Effectivement
rien de fi inaliable que croire &
douter tout enfemble fur un même
fujet. J'avoue qu'un feul & même
fujet peut être confidéré fous différentes faces : que fous les unes il
donne une occafion de douter,
tandis que fous d'autres on eft affuré. Mais l'Auteur ne s'explique
point, & dans la matière préfente,
il eft impoffible de croire lorfque
l'on doute. Quelques raifons que
l'on

l'on ait de croire, le doute fomenté d'ailleurs par l'inquiétude naturelle à ceux qui aiment, prévaut toujours s'il est vraisemblable. Disons donc que cette pensée n'est pas exacte, ou que l'Auteur auroit dû lui donner un plus grand jour.

RÉFLEXIONS MORALES.

AMOUR-PROPRE.

Le premier mouvement de joie que nous avons du bonheur de nos amis ne vient ni de la bonté de notre naturel, ni de l'amitié que nous avons pour eux ; c'est un effet de l'amour-propre qui nous flatte de l'espérance d'être heureux à notre tour, ou de retirer quelque utilité de leur fortune. P. 54.

CRITIQUE.

Il paroît plus naturel de penser

qu'en apprenant le bonheur de nos amis, loin que notre amour-propre nous flatte de cette espérance prétendue, nous ne faisons au contraire que donner des marques ou de notre bon naturel ou de l'amitié que nous avons pour eux, en nous réjouissant du bien qui leur arrive. Ce mouvement de joie paroît en effet précéder toute réflexion. Entend-t-on parler de quelque succès heureux de l'entreprise d'un ami? la joie se peint sur le visage, les paroles mal-ordonnées, les phrases coupées marquent l'empressement qu'on a d'apprendre son bonheur, il semble qu'on ne le sçaura pas assez tôt ; au premier mot on se récrie avec une satisfaction toute sensible ; on interrompt cent fois le narrateur ; on lui fait questions sur questions, on voudroit tout entendre & tout ſavoir à la-fois. Tout cela eſt-il donc l'effet réfléchi de quelque vue d'intérêt ? Il n'y a pas d'apparence ; tous ces divers mouvemens ſont trop précipités pour être produits par des conjectures ſur notre bonheur futur ; & s'il ſe trouve que le bonheur de notre ami ſoit encore inférieur à notre condition préſente, & que nous n'ayons aucun motif de croire que nous en puiſſions jamais tirer avantage ; on ne peut pas dire alors que notre mouvement de joie ait d'autre cauſe que la bonté de notre naturel, ou l'affection que nous portons à celui dont le bonheur nous eſt agréable.

RÉFLEXIONS MORALES. Id.

On eſt toujours plus diſpoſé à ſacrifier le repos de ce qu'on aime, qu'à perdre la moindre partie du sien. P. 60.

C R I T I Q U E.

Ce seroit entendre peu ses intérêts que de ne sçavoir pas perdre quelquefois : il est vrai que notre intérêt ne nous engagera jamais à nous sacrifier pour un autre, quelque affection que nous lui portions. Il n'appartient qu'à la charité d'opérer un acte d'une générosité si héroïque ; mais la moindre partie de notre repos, si elle est utile à nos vues, nous la sacrifions volontiers pour ce que nous aimons ; quand ce ne seroit même que pour montrer de la générosité.

RÉFLEXIONS MORALES.

A P P L I C A T I O N.

Ceux qui s'appliquent trop aux petites choses deviennent ordi-

nairement incapables des grandes.
P. 61.

CRITIQUE.

La note marginale dit formellement le contraire, appuyée sur un paſſage de Tacite, où l'on voit qu'un homme eſt jugé capable de grandes choſes par l'attention qu'il apporte aux plus petites : *magnarum rerum curam non diſſimulaturos qui animum etiam leviſſimis adverterent.* An. 13.

Le paſſage eſt vrai, mais l'application n'eſt pas juſte. Sans doute le Commentateur n'a pas fait aſſez d'attention au mot *trop* inféré dans la propoſition, autrement il auroit compris ce qu'elle énonce : que l'excès d'application aux petites choſes rend incapable des plus grandes ; mais non pas toute application en général, comme il ſemble l'entendre par l'explication qu'il donne ; de forte que le texte ne conclud rien, fi ce n'eft en faveur de la propofition. Il marque feulement que ceux-là font capables des grandes chofes qui s'appliquent auffi aux petites ; & le mot *etiam*, *auffi*, fuppofe tout vifiblement que les mêmes perfonnes en s'appliquant aux petites chofes, loin de négliger les grandes, en font au contraire leur principale occupation.

RÉFLEXIONS MORALES.

Beauté.

Il y a de belles chofes qui ont plus d'éclat quand elles demeurent imparfaites que quand elles font trop achevées. P. 64.

Critique.

Eft-il jamais rien de trop achevé

& de trop parfait ? Ce qui eſt réellement bon n'abonde jamais trop.
J'avoue que quelques imperfections
paroiſſent quelquefois relever certaines beautés. Mais, à bien conſidérer ce moyen de briller, c'eſt
toujours une triſte néceſſité que
d'être obligé d'y avoir recours. Ne
vaut-il pas mieux briller à tous
égards que de ne briller qu'en partie ? Les perſonnes éclairées diſtinguent aiſément les défauts, & trouvent toujours plus d'éclat & de mérite où tout eſt parfait, que quand
les perfections ſont balancées par
des défauts. Que les ombres dans
la peinture en faſſent ſortir les
jours & en relèvent l'éclat ; en
morale, les défauts font des con-
trepoids aux vertus qui en dimi-
nuent le prix.

RÉFLEXIONS MORALES.

Bon Sens.

C'eſt fort mal-à-propos qu'on loue pour leur grand eſprit de méchantes & malhonnêtes gens dans le monde ; ces perſonnes-là ont ſeulement quelque portion du bon ſens qui les fait réuſſir en quelque choſe, mais qui les rend imparfaites par mille autres. P. 67.

Critique.

On loue les perſonnes pour ce qui eſt de louable en elles, comme on les blâme pour ce qu'elles ont de blâmable. Penſer ou agir autre-ment, c'eſt s'écarter de l'ordre de la juſtice diſtributive, qui exige qu'on rende aux qualités, comme aux perſonnes, les hommages qui leur font dûs. Un homme a une portion de bon fens, dont l'étendue le rend un modéle de prudence dans tous les defleins qu'il forme & qu'il exécute : feroit-il donc jufte de lui refufer les éloges qu'il mérite à cet égard ? Mais d'un autre côté c'eft un libertin, un débauché, un impie même fi l'on veut : qu'eft-ce que tout cela fait à fa prudence ? Qu'on le blâme pour fes vices, à la bonne heure ; mais on n'aura jamais tort de donner à fa prudence les louanges dont elle eft digne. Ainfi Cromwel a-t-il fait, par fon parricide, l'horreur de fon fiécle, tandis que par fa valeur, fon intrépidité & fa politique, il en faifoit l'admiration ? J'avoue qu'il eft des perfonnes peu clair - voyantes & faciles à fe laiffer prévenir, qui, dès qu'elles ont reconnu dans une autre quelque bonne qualité qui les a frappées, adorent, pour ainsi dire, jusqu'à ses défauts. Mais, outre qu'il est rare de trouver de ces sortes de personnes, parce que, pour l'ordinaire, les moins clairs-voyans le sont encore beaucoup sur les défauts d'autrui, il est encore plus rare que leur jugement prévale.

RÉFLEXIONS MORALES.

BONTÉ.

Rien n'est plus rare que la véritable bonté. **P. 68.**

CRITIQUE.

Il est certain, & l'Auteur l'auroit avoué lui-même, qu'il est encore plus rare de trouver des personnes sans amour propre & sans intérêt. De plus, parler ainsi, c'est, ce me semble, faire bien hardiment le procès au genre humain. Cette bonté est rare, je n'en disconviens pas, mais de la même façon à peu près que l'est la générosité ; c'est-à-dire seulement qu'elle n'est pas pas assez répandue, pour qu'on puisse dire qu'elle est commune. Au reste, il n'est pas si difficile qu'on l'insinue de trouver des personnes en qui réside cette véritable bonté.

RÉFLEXIONS MORALES. Id.

Nul ne merite le titre de bon, s'il n'a pas la force & la hardiesse d'être méchant. **P. 68.**

CRITIQUE.

Sur ce principe, Caligula, Néron, Domitien, Phalaris, devoient être d'excellens hommes, puisque perſonne de leur tems n'avoit, comme eux, la force & la hardieſſe d'être méchant. Raillerie à part, les vertus de tempérament ne ſont-elles d'aucun prix, lors même qu'elles ſont dirigées par la raiſon & ſoutenues par la Religion? S'il en faut croire notre Auteur, il faut les compter pour rien, & loin même qu'elles ſoient eſtimables, on doit plutôt les regarder comme des défauts; c'eſt du moins ce qu'il inſinue dans ce qu'il dit après, que « toute autre bonté n'eſt » le plus ſouvent qu'une pareſſe, » ou une impuiſſance de la volon- » té ». Malgré le correctif exprimé par ces mots *le plus ſouvent*, en réuniſſant les deux membres de la propoſition, on verra clairemènt qu'elle demeure dans toute ſa force, & par conſéquent dans toute ſon inexactitude.

RÉFLEXIONS MORALES. Id.

Pour pouvoir être toujours bon, il faut que les autres croient qu'ils ne peuvent jamais nous être impunément méchans. P. 60.

CRITIQUE.

L'opinion des autres ne conftitue en nous aucune qualité, & nous pouvons toujours être bons ou mauvais, indépendamment de ce qu'on croit de nous. La propofition pourra paffer cependant en difant tout fimplement que « pour » pouvoir être bon, il faut que les » autres ne puiffent pas toujours » nous être impunément mé- » chans ».

RÉFLEXIONS MORALES.

CHASTETÉ.

La vaillance eft donnée aux

hommes , & la chasteté aux fem-
mes , pour leurs vertus principa-
les , comme les plus difficiles à
pratiquer. P. 70.

CRITIQUE.

Jusqu'ici j'avois toujours oui dire
que la principale vertu de l'homme
est la probité ; parce que la probité fait le caractère de l'homme,
comme la chasteté fait celui de la
femme. La raison est tirée de ce
que ces deux vertus font , non-
seulement de plus grande difficulté
dans la pratique , mais aussi d'un
plus fréquent usage : car, si la difficulté seule donnoit le prix aux
vertus, ce seroit, non la chasteté,
mais la vaillance qu'on devroit
estimer la principale vertu des femmes ; comme étant la plus oppo-
sée à leur tempérament naturelle-

ment foible & timide. Je ne pré-
tends point ici rabaiſſer le mérite
de la vaillance , en lui refuſant le
premier rang parmi les vertus de
l'homme ; mais auſſi je ne veux
eſtimer les choſes que ce qu'elles
valent. Il eſt clair que la probité
qui fait l'homme de bien , eſt plus
eſtimable & plus relevée par elle-
même que la vaillance , qui ne
produit que l'homme courageux.
D'ailleurs, dans le grand nombre
d'hommes qui habitent la terre de
ſiécle en ſiécle , tous ne ſont pas
obligés d'être vaillans , parce que
tous ne ſe trouvent pas dans les
circonſtances qui l'exigent ; mais
tous doivent avoir de la probité.
Il n'eſt aucune circonſtance de la
vie qui n'en demande la pratique ;
& jamais le défaut de vaillance ne
fut auſſi honteux que le défaut de

probité : ajoutez à toutes ces raisons que la probité, quelque ordinaire qu'en soit l'usage, n'est pas exempte de difficultés ; au contraire, presque toujours nous avons à combattre notre intérêt propre, qui, n'y trouvant pas son compte, fait tous ses efforts pour nous en éloigner. Joignez donc la difficulté à la nécessité de la pratique, il s'ensuit que la probité est la principale vertu de l'homme.

RÉFLEXIONS MORALES.

Cœur.

L'esprit est toujours la dupe du cœur. P. 73.

Critique.

Sans doute que le mot *toujours* ne doit pas se prendre à la rigueur, comme excluant toute exception.

Assez souvent, il est vrai, notre amour propre ne nous permet pas de connoître les mouvemens de notre cœur, mais ce n'est pas à tous égards. Plusieurs mêmes de ces mouvemens proviennent des connoissances de l'esprit.

RÉFLEXIONS MORALES.

COMPLEXION.

La complexion qui fait le talent pour les petites choses est contraire à celle qu'il faut pour le talent des grandes. P.75.

CRITIQUE.

Cela est vrai quelquefois ; mais comme on trouve des personnes capables à la fois des petites choses comme des grandes, il est naturel d'inférer que cette régle doit souffrir des exceptions : que ces deux fortes de complexion, dont elle parle, ne font pas toujours fi contraires, & qu'une feule & même complexion peut opérer ces deux talens que l'on croit oppofés; mais à tort, fuiva nt le paffage de Tacite cité plus haut, *magnarum rerum*, &c.

RÉFLEXIONS MORALES.

CONFIANCE.

Nous ne croyons pas aifément ce qui eft au-delà de ce que nous voyons. **P. 76.**

CRITIQUE.

Les gens d'efprit fe précautionnent contre les impoftures, & fans fe rendre incrédules, ils font toujours en garde; mais le vulgaire fe laiffe plus aifément tromper. Sufceptible de toute impreffion, il fuffit de connoître le foible de ces perfonnes , & le toucher adroitement pour les gagner ; le merveilleux fur-tout les furprend, & cette furprife eft une voie qui les conduit au point de n'ofer même douter de ce qu'ils entendent de plus extraordinaire; ils écoutent, ou dévorent même, pour ainfi dire, avec avidité les pompeufes & éclatantes fables qu'on leur débite. L'amour de la nouveauté autorife la faveur qu'ils leur accordent, & entraîne leur approbation : enfin le plaifir qu'ils y trouvent leur fait donner toute leur croyance à des chofes quelquefois incroyables , fouvent fauffes , & prefque toujours fufpectes.

RÉFLEXIONS MORALES.

DÉFAUTS.

C'est une foiblesse de ne pas demeurer d'accord du bien ou du mal qui est en nous. P. 90.

CRITIQUE.

Cette maxime n'est pas bien conforme à l'humilité chrétienne, qui doit nous fermer les yeux sur le bien dont nous sommes capables, & ne les ouvrir que sur nos défauts.

RÉFLEXIONS MORALES. Id.

Il n'appartient qu'aux grands hommes d'avoir de grands défauts. P. 92.

CRITIQUE.

On demande si le privilége est exclusif ? Peut-être aussi l'Auteur

entend-t-il que les grands hommes
font plus excufables que les autres
d'avoir de grands défauts. Je le nie.
Ils font plus excufés , mais dans
le vrai ils font moins excufables ;
parce qu'ayant plus de lumières ,
ils ont plus de moyens d'éviter les
écueils où ils échouent. Il ne leur
eft pas permis non plus, parce qu'il
ne peut être permis à perfonne d'a-
voir des défauts , & d'en avoir plus
que les autres : ainfi l'on ne peut
en aucune manière juftifier la propofition , fi ce n'eft qu'on entende
qu'il eft plus ordinaire aux grands
hommes d'avoir de grands défauts,
foit par l'élévation de leur fortune ou l'excellence de leurs vertus ,
ils en paroiffent davantage ; comme
dans une éclipfe de foleil , le côté
du ciel qui ne reçoit point fa lumière , eft à proportion d'autant plus

obſcur, que l'autre eſt plus éclairé.
Mais il falloit le dire, & non pas
donner, par un terme impropre,
un mauvais ſens à la propoſition.

RÉFLEXIONS MORALES.

ÉDUCATION.

*L'éducation que l'on donne
aux jeunes gens eſt un ſecond
amour propre qu'on leur inſpire.*
P. 98.

CRITIQUE.

S'agit-il de toute éducation en
général ou de celle que donnent
les mondains ? C'eſt ce que ne dit
point la propoſition, & ce que cependant elle auroit dû déterminer.
Donnant en apparence un mauvais effet à toute ſorte d'éducation,
il s'enſuivroit que toute éducation
ſeroit mauvaiſe ; & le principe

étant faux, la conféquence n'en pourroit être jufte.

RÉFLEXIONS MORALES.

ÉLOQUENCE.

Il n'y a pas moins d'éloquence dans le ton de voix, dans les yeux & dans l'air de la perfonne, que dans le choix des paroles. P. 99.

CRITIQUE.

Dans la réflexion précédente il eft dit que « la véritable éloquence » eft celle du bon fens, fimple & » naturelle ». Ces deux réflexions ainfi comparées, font vifiblement deux fens différens ; elles font néanmoins vraies, en ce qu'il eft certain que la feule juftefle fait la véritable éloquence. Cette élo-quence qui perfuade & qui convainc, & que le ton de la voix, les yeux, l'air de la perſonne, tendant à la même fin que la juſteſſe du raiſonnement, c'eſt-à-dire, à perſuader & à convaincre, toutes ces choſes réunies ſont auſſi une éloquence, du moins improprement dite. Mais on ne peut admettre qu'elles ſoient auſſi éloquentes que le choix des paroles dont dépend en grande partie la juſteſſe du diſcours ; & tout connoiſſeur peut avouer qu'il eſt inſenſible aux geſtes, lorſque les paroles ne le touchent point.

RÉFLEXIONS MORALES.

ENNUI.

On s'ennuie preſque toujours avec les gens, avec qui il n'eſt pas permis de s'ennuyer. P. 104.

CRITIQUE.

CRITIQUE.

On croira d'abord à la premiere lecture de cette propofition, que c'eft uniquement des gens d'efprit qu'il s'agit ; de ces perfonnes dont la converfation ornée, fine, délicate, aifée, amufante doit naturellement, ce me femble, écarter tout ennui ; & de ce point de vue la propofition paroît fauffe en fon entier, ou du moins il n'y aura, dira-t-on, que des efprits groffiers qui pourront s'ennuyer. Mais que l'on life la note marginale, on y verra ce que l'on attendoit pas fans doute, que ces perfonnes avec qui il n'eft pas permis de s'ennuyer, ne font autres que nos fupérieurs. Belle application ! Comme fi, dès qu'ils font nos fupérieurs, nous avons moins droit de les trouver ennuyeux s'ils le font en effet. On

C

a même doublement ce droit, à raison de la gêne & de la contrainte où il faut être en leur préfence, à proportion de leur élevation : c'eſt ce que prouvent les exemples rapportés dans la note.

RÉFLEXIONS MORALES.

ENVIE.

Notre envie dure toujours plus long-tems que le bonheur de ceux que nous envions. P. 107.

CRITIQUE.

Ce n'eſt pas ce qu'on éprouve tous les jours : car il eſt certain que ceux qui ſont les plus enviés, s'ils tombent dans la diſgrace, deviennent d'abord l'objet de notre compaſſion. Et qu'envierions-nous en effet en eux, s'ils n'ont plus ce bonheur que nous ne pouvions souffrir , & qui étoit l'objet de notre envie ? C'est ici sans doute que l'on peut appliquer ce passage d'Horace :

Virtutem incolumen odimus
Sublatam ex oculis quærimus invidi.

Nous haïssons la vertu tant que nous la voyons florissante. Disparoît-elle à nos yeux, tombe-t-elle de son élévation, nous cessons de la haïr, nous en reconnoissons le mérite, & nous lui témoignons notre estime par le regret que nous marquons de sa perte ou de sa disgrace.

RÉFLEXIONS MORALES. Id.

Il y a encore plus de gens sans intérêt que sans envie. P. 107.

Critique.

L'intérêt propre est inséparable

de ce qui eſt doué d'entendement & de volonté, il réſide dans les Anges comme dans les hommes ; nul être ne peut aimer ſon déſavantage, & nul être ne peut s'empêcher d'aimer & de ſouhaiter ſon bien : c'eſt un ſentiment que la nature a gravé dans notre cœur, & que nous ne pouvons non plus abdiquer que la faculté de penſer. Il ſe mêle même parmi les tranſports de la charité la plus vive ; c'eſt avec lui que le Prophéte Roi s'écrioit : *Adhærere mihi, Deo bonum eſt, & ponere in Deo meo ſpem meam.* Comment donc y auroit-il plus de perſonnes ſans intérêt que ſans envie, puiſque tout le monde n'a pas de l'envie, & que tout le monde a de l'intérêt ?

RÉFLEXIONS MORALES.

ESPRIT.

Il vaut mieux employer notre esprit à supporter les infortunes qui nous arrivent, qu'à prévoir celles qui nous peuvent arriver. P. 110.

CRITIQUE.

L'un des meilleurs moyens de supporter les infortunes, c'est de les prévoir ; *minùs jacula feriunt quæ prævidentur.* A la bonne-heure que l'on emploie tout son esprit pour supporter les maux qui nous font arrivés ; mais rien n'empêche qu'il ne soit au moins également bon de l'employer à les prévoir ; soit qu'on puisse, en les prévoyant, trouver moyen de les éviter, soit que cette prévoyance serve du

C iij

moins à nous prémunir contre la
furprife, qui fouvent fait plus de
mal que le mal même.

RÉFLEXIONS MORALES.

ÉTUDE.

*Hors les chofes qui regardent
la Religion on doit toujours foumettre fes études & fes livres à fa
raifon, & non pas fa raifon à fes
livres.* P. 114.

CRITIQUE.

Cette maxime eft bonne pour
ceux qui raifonnent felon les régles
du bon fens, mais ceux qui appor-
tent à l'étude & à la lecture un jugement de travers, feront bien du
chemin en la fuivant; ceux-là,
s'ils connoiffoient leur mal, feroient fagement de s'en rapporter,
tant pour le choix de leurs lectures

que pour celui de leurs études, à des perſonnes d'un jugement ſain, d'un eſprit éclairé pour les guider, réſoudre leurs difficultés, & rectifier leur génie : mais il arrive d'ordinaire que ceux qui doivent le plus s'en rapporter aux autres, ſont les plus attachés à leurs ſentimens & moins capables de prendre conſeil.

REFLEXIONS MORALES.

EXEMPLE.

L'imitation eſt toujours malheureuſe, & tout ce qui eſt contrefait déplaît avec les mêmes choſes qui plaiſent lorſqu'elles ſont naturelles. P. 116.

CRITIQUE.

Il y a dans cette propoſition deux membres qu'on paroît faire

rapporter l'une à l'autre. Le fecond
eſt vrai de lui-même, mais le rapport qu'on lui donne avec le premier ne me le paroît pas également : il s'en faut bien, ce me
femble, que contrefaire & imiter
ne foit qu'une même choſe, je n'en
veux pas d'autre témoin que l'ex-
preſſion ordinaire pour marquer
qu'une chofe eſt mal imitée, on
dit qu'elle eſt contrefaite ; ainſi l'i-
mitation n'étant pas toujours pour
contrefaire, elle n'eſt pas toujours
malheureuſe.

RÉFLEXIONS MORALES.

FAUTES.

*On doit fe confoler des fautes
quand on a la force de les avouer.*
P. 117.

CRITIQUE.

Combien de fots dans le monde

auroient sujet de se consoler de leurs fautes ! mais c'est uniquement leur sotise, ou bêtise, leur foiblesse en un mot, & non leur force d'esprit qui leur fait faire un aveu que l'on n'attribue ici qu'à la force chez les gens d'esprit : cet aveu ne suffit pas, il faut qu'il soit accompagné de la volonté sincere de se corriger, & qu'on y travaille en même-tems. Avouer tous les jours ses fautes, & y retomber tous les jours ; si le premier est un effet de la force de l'esprit, le second est le comble de la foiblesse. Comme il est de l'homme de faire des fautes, il est du sage de s'en repentir : *Humanum est errare, sapientis pœnitere ;* mais encore une fois, ce repentir n'est pas un simple aveu, e sage seroit peu content de lui-même s'il en demeuroit-là.

C v

RÉFLEXIONS MORALES.

FEMMES.

L'esprit de la plûpart des femmes sert plus à fortifier leur folie que leur raison. P. 120.

CRITIQUE.

L'Auteur apparemment fait ici un synecdoche, en prenant le tout pour la partie, l'esprit pour l'imagination, qui seul pourroit avoir cet effet. L'a-t-elle réellement ? C'est ce que je ne déciderai pas. Au reste qu'on ne croie pas que ce soit par mauvaise humeur que j'attaque cette proposition : on verra dans un autre endroit que notre Auteur regarde l'esprit comme un composé de plusieurs parties métaphysiques ; ici c'est le contraire.

RÉFLEXIONS MORALES. Id.

Il ne peut y avoir de règle dans l'esprit des femmes, si le tempérament n'en est d'accord. P. 120.

CRITIQUE.

C'est-à-dire que la vertu & la raison n'ont pas lieu chez les femmes, si le tempérament n'y est porté, & que l'une & l'autre en dépendent absolument. Ce n'est pas-là faire sa cour au beau sexe. Sans lui faire la mienne, en qualité de Critique, je crois remplir mon devoir, & rendre hommage à la vérité en relevant la proposition en question, qui me surprend même d'autant plus qu'elle paroît insinuer que les femmes sont d'une nature différente de celles des hommes : car s'il y avoit quelque différence notable entre l'homme & la femme, ce seroit certainement pour l'esprit ; comme étant la partie supérieure & la plus considérable de tout être animé. Or c'est cette différence que la proposition citée donne à la femme, en la rendant incapable de toute fermeté, si le tempéra-ment n'en est d'accord, défaut qui n'est pas de même attribué à l'homme ; il s'ensuivroit aussi que n'étant capable d'aucune fermeté sans le secours du tempérament, les femmes ne pourroient pas plus remporter aucune victoire sur elles-mêmes. Mille exemples non-suspects démontrent assez le contraire; mais remarquez qu'ici l'on relève les vertus de tempérament, & qu'ailleurs on les détruit.

RÉFLEXIONS MORALES. Id.

Il y a peu d'honnêtes femmes qui ne soient laſſes de leur métier. P. 120.

CRITIQUE.

En bon françois, ceci s'appelle faire le procès aux gens de gaieté de cœur. Qu'eſt-ce donc que les femmes avoient fait à l'Auteur, pour les maltraiter ſi fort ? Je prends encore cette fois leur parti, & je ſoutiens qu'étant même plus ſouvent vertueuſes que les hommes, elles n'ont pas plus de peine qu'eux à goûter les régles de l'honnêteté : c'eſt d'ailleurs leur principale vertu ; c'eſt, en un mot, celle qui forme leur caractère.

RÉFLEXIONS MORALES.

FINESSE.

La plus subtile de toutes les fineſſes eſt de ſçavoir feindre de tomber dans les piéges qu'on nous tend, & l'on n'eſt jamais ſi aiſément trompé que quand on ſonge à tromper les autres. P. 123.

CRITIQUE.

On eſt encore plus aiſément trompé quand on ne ſonge ni à tromper, ni qu'on ne peut être trompé : parce que la ſécurité où l'on eſt alors, fait que l'on eſt plus aiſement entamé. Mais lorſqu'on feint de tomber dans les piéges qu'on tend, on ſonge à tromper les autres ; ainſi l'on ne pourra pas être ſi aiſement trompé : c'eſt-là cependant ce qu'on appelle la plus ſubtile de toutes les fineſſes. Comment accorder tout cela ?

REFLEXIONS MORALES.
FOIBLESSE.
*Les personnes foibles ne sçau-
roient être sinceres.* P. 126.
CRITIQUE.

Elles ne le font que trop quelquefois, & l'expérience apprend
que leur trop grande sincérité leur
fait souvent découvrir ce que la
prudence exigeroit de tenir secret.
La crainte les fera peut-être auffi
aifément tergiverfer ; mais cette
alternative ne fait rien à leur dif-
pofition : il eft toujours certain que
libres & rendues à elles - mêmes,
elles ne pourront point cacher ce
que la force & la violence les auroit obligées de taire.

RÉFLEXIONS MORALES. Id.
*La foibleffe eft plus oppofée à
la vertu que le vice.* P. 126.

CRITIQUE.

Rien de plus contraire à la vertu que le vice ; cependant la propofition citée eft vraie, parce qu'il eft plus difficile de fe dépouiller du vice que de fa foibleffe, pour s'adonner à la pratique conftante de la vertu ; mais la penfée me paroît mal exprimée.

RÉFLEXIONS MORALES.

FOLIE.

En vieilliffant on devient plus fou & plus fage. P. 127.

CRITIQUE.

Jufqu'ici les idées oppofées que nous avions de la folie & de la fageffe, nous faifoient regarder ces deux qualités comme abfolument inaliables ; mais nous nous fommes trompés, fans doute, fi l'on peut être fage & fou tout-à-la-fois. Il nous faut avouer notre erreur, & c'eft le feul parti que nous ayons à prendre ; à moins que notre Auteur ne fe foit trompé lui-même, ce qui paroît en effet plus probable, en ce que l'idée de fageffe & l'idée de folie répugne tellement l'une à l'autre, qu'on ne peut concevoir la folie qu'on ne conçoive en même tems la deftruction de la fageffe & réciproquement.

RÉFLEXIONS MORALES. Id.

La plus fubtile folie fe fait de la plus fubtile fageffe. P. 127.

Critique.

Jamais on n'a dit que le feu fe fît de l'eau ; à la bonne heure qu'à force de fubtilifer en fageffe on devienne fou, alors la folie fuccédera à la fageffe ; mais il s'en faudra bien que la fageffe produife la folie. Cette penfée eft donc au moins obfcure & peu exactement rendue.

REFLEXIONS MORALES.

FORCE.

Si on avoit ôté de ce qu'on appelle force, le defir de conferver & la crainte de perdre, il ne lui refteroit pas grand-chofe. P. 128.

CRITIQUE.

C'eft fans doute de la force d'efprit qu'il s'agit: en ce cas, je dis qu'il lui pourroit encore refter une fermeté à toute épreuve, jointe à une indifférence générale pour tous les biens du monde; qualités, qui feules, à mon avis, forment la véritable force d'efprit. Ainfi en ôtant le defir de conferver & la crainte de perdre, on n'ôteroit rien à la force, mais à l'ambition que l'on détruiroit même entièrement.

REFLEXIONS MORALES.

FORTUNE.

La fortune corrige de plufieurs défauts que la raifon ne fçauroit corriger. P. 131.

CRITIQUE.

Il n'eft point de défauts dont la raifon ne puiffe corriger, & qu'elle ne corrige en effet, dès qu'elle furmontera les paffions & commandera fouverainement à la volonté. On a vu des perfonnes fujettes à donner dans les plus affreux excès de la colère, qui, par leur feule raifon, ont acquis un fi grand empire fur elles - mêmes,

qu'on les eut crues devenues entièrement apathiques. En vain vou-
droit-on dire que *la fortune corrige*
de plufieurs défauts que la raifon ne
fçauroit corriger ? Lorfque nous nous
corrigeons, c'eft toujours par un
effort de notre raifon, qui fe fert à
la vérité de notre bonne ou mau-
vaife fortune pour en venir à bout,
& qui effectivement produit feule
les réflexions que nous faifons fur
notre état préfent. Ainfi lorfqu'on
dit que la honte nous corrige,
comme la néceffité corrige les pauvres, il faut fous-entendre que la
raifon fe fert de la honte pour
nous corriger, comme elle fe fert
de la néceffité pour corriger les
pauvres.

RÉFLEXIONS MORALES.

Goût.

Le bon goût vient plus du jugement que de l'esprit. P. 138.

CRITIQUE.

C'est une preuve que ce font deux chofes différentes : cependant dans un autre endroit il eft dit, qu'*on s'eft trompé lorfqu'on a cru que l'efprit & le jugement étoient deux chofes diffé-rentes* ; que le jugement n'eft que la grandeur de la lumière de l'efprit.

RÉFLEXIONS MORALES. Id.

Quand notre mérite baiffe, notre goût diminue auffi. P. 138.

CRITIQUE.

Notre mérite peut baiffer dans la pratique fans que notre goût dimi-nue dans la fpéculation ; il n'eft pas rare de voir des gens adonnés au crime & à la débauche avec les meilleurs fentimens du monde. Il n'eft qu'un feul mérite, dont la décadence puiffe donner atteinte à notre goût : c'eft la force de notre génie.

RÉFLEXIONS MORALES.

GRAVITÉ.

La gravité eft un myftère du corps, inventé pour cacher les défauts de l'efprit. P. 140.

CRITIQUE.

Elle eft plus fouvent une qualité de l'efprit qui influe fur les démarches du corps ; qualité qui prend fa fource dans la modération.

RÉFLEXIONS MORALES.

HARDIESSE.

L'ignorance donne de la foibleffe & de la crainte. P. 144.

CRITIQUE.

Pour ce qu'on dit ici de la crainte, il arrive ordinairement le contraire, je veux dire que les plus
ignorans font les plus hardis, &
décident avec plus d'empire que
les perfonnes les mieux inftruites.

RÉFLEXIONS MORALES.

HÉROS.

*Il y a des héros en mal comme
en bien.* P. 146.

CRITIQUE.

La qualité de héros eft affurément bien mal-appliquée en cet
endroit. Ces héros en mal, qui
font-ils ? Sinon ces fcélérats qui
outrent le crime & rompent toutes
les barrieres, je ne dis pas de la
Religion, mais même de la raifon
naturelle & de l'honneur.

RÉFLEXIONS MORALES.

Homme.

Il n'y a point d'homme qui ne se croie en chacune de ses qualités au-dessus de l'homme qu'il estime le plus. P. 148.

Critique.

Nous avons bien de la vanité, mais effectivement il faut en avoir beaucoup pour donner dans un si grand travers. Il est sûr cependant que, du moins pour la plûpart, nous ne sommes point orgueilleux jusqu'à ce point. Il est toujours des hommes d'un mérite si distingué que nous ne pouvons ne pas estimer supérieurs à nous. Quel est l'Orateur qui se croie au-dessus de Démosthène & de Cicéron ?

RÉFLEXIONS

REFLEXIONS MORALES.

Honnête Homme.

Ceux qui ont des qualités essentielles qui font l'honnête homme, croyant n'avoir pas besoin d'art, négligent les manières, sont plus naturels, & par cette raison plus obscurs, parce que ceux qui en jugent ont d'autres affaires qu'à les examiner, & ne les estiment que par le dehors & par l'apparence. P. 149.

Critique.

Par-tout on dit que le naturel plaît de prime-abord, qu'il se fait sentir de lui-même aux moins intelligens. Comment donc avec le naturel pourra-t-on être obscur, par la raison même qu'on sera naturel ? On peut être obſcur à ſoi-même , mais on ne l'eſt jamais aux autres , qui , au contraire , ſont toujours clair-voyans ſur nos bonnes & mauvaiſes qualités : ils voient les bonnes & les dépriment ; ils pénètrent les mauvaiſes & les relèvent pour nous rabaiſſer. L'apparence & les dehors , loin de les tromper ſont encore des voies propres à exciter leur curioſité : ce ſont tout au plus des voiles très-clairs que leurs yeux pénètrent ſans peine , & rien ne leur fait tant de plaiſir que cet examen. Ils négligent volontiers toute autre affaire pour celle-là , parce qu'ils eſpérent y trouver leur avantage.

REFLEXIONS MORALES.

HONNEUR.

L'honneur acquis eſt caution

de celui que l'on doit acquérir.
P. 150.

CRITIQUE.

Pour juſtifier cette propoſition ,
il faudroit dans l'eſprit & dans le
cœur de l'homme autant de fermeté, de force & de conſtance
qu'il y en a peu. La légèreté au
contraire & l'inconſtance, qui ſont
comme les apanages des humains,
les rendent à tous momens différens d'eux-mêmes. Dans la multitude il en eſt de moins inconſtans ;
ceux-là dépendent encore des circonſtances ; de-là le deshonneur
de telle perſonne dans la même
affaire qui lui avoit auparavant acquis beaucoup d'honneur.

RÉFLEXIONS MORALES.

HUMILITÉ.

L'humilité n'eſt ſouvent qu'une

feinte foumiſſion dont on ſe ſert pour ſoumettre les autres. P. 151.

CRITIQUE.

Sans doute l'Auteur n'a pas prétendu donner ici une définition bien exacte de l'humilité. Les qualités qu'il lui attribue plus haut & plus bas, ſont manifeſtement contraires à ce qu'il dit ici. Dans la propoſition précédente, il l'appelle *l'autel ſur lequel Dieu veut qu'on lui offre des ſacrifices ;* & dans la ſuivante, il dit qu'*elle eſt la véritable preuve des vertus chrétiennes.* C'eſt donc du maſque ſeul de l'humilité qu'il veut parler ; mais rien de plus oppoſé à l'humilité que ce maſque, qui n'eſt autre choſe que l'hypocriſie. Pourquoi donc ne pas appeller chaque choſe par le nom qui lui eſt propre ?

RÉFLEXIONS MORALES.

JALOUSIE.

La jalousie est le plus grand de tous les maux. P. 153.

CRITIQUE.

L'envie l'emporte encore sur la jalousie, & la raison de sa supériorité se prend de la fin de ces deux vices. Celle de l'envie est la destruction d'un bien que la jalousie a pour fin de conserver. La jalousie est louable dans son principe; mais l'envie est aussi affreuse dans son principe que dans ses effets. L'envie est un des excès de l'orgueil, & la jalousie vient d'un excès d'amour.

RÉFLEXIONS MORALES.

JEUNESSE.

Il ne sert de rien d'être belle sans être jeune, ni d'être jeune sans être belle. P. 154.

CRITIQUE.

Pour trouver à redire à cette proposition, il ne faut avoir qu'un peu de connoissance de ce qui se passe dans le monde : car il est certain qu'il n'est pas rare de voir de jeunes personnes que leur esprit & leurs agrémens vengent abondamment des outrages de la nature ; la beauté peut de même réparer les défauts de la jeunesse. En voyant une belle personne on est aisément trompé sur son âge.

RÉFLEXIONS MORALES.

INFIDÉLITÉ.

Quand nous sommes las d'aimer, nous sommes bien aises qu'on nous devienne infidéle, pour nous dégager de notre fidélité. P. 155.

CRITIQUE.

Comment accorder cette proposition avec celle-ci de la page 152 ? « La jalousie naît toujours » avec l'amour, mais elle ne meurt » pas toujours avec elle ». Si cette seconde est vraie, la premiere ne doit pas l'être : car il s'ensuivra que nous ne sommes pas toujours bien aises qu'on nous devienne infidéle quand nous sommes las d'aimer; que nous voulons nous conserver l'amour d'autrui, sans être obligé de lui conserver le nôtre.

RÉFLEXIONS MORALES.

INNOCENCE.

Il s'en faut bien que l'inno-cence trouve autant de protection que le crime. P. 157.

CRITIQUE.

On ne disconviendra pas que la faveur ne fasse souvent prévaloir le crime sur l'innocence ; mais il s'en faut bien que l'innocence succombe aussi souvent que le crime ; elle peut être opprimée quelque tems, la calomnie peut en obscurcir l'éclat ; mais la persécution ne dure pas toujours, & l'innocence relevée pour ainsi dire de ses ruines, ramene tout le monde à son parti ; elle n'a besoin pour cela ni d'employer la force, ni d'user d'artifice.

> Integer vitæ, fcelerifque purus
> Non eget Mauri jaculis, nec arcu,
> Nec venenatis . . . fagittis. *Hor.*

Pour le crime, rarement il échappe à la peine qui le pourſuit ; ſouvent même il eſt auſſi · tôt puni que commis.

> Rarò antecedentem fceleſtum
> Profequitur pœna pede claudo. *Hor.*

Faut-il d'autres preuves du peu de protection que trouve le crime en comparaiſon de celle que l'on donne à l'innocence ?

RÉFLEXIONS MORALES.

INTÉRÊT.

On ne blâme le vice, & on ne loue la vertu que par intérêt. P. 159.

CRITIQUE.

Effectivement, ſoit que l'on témoigne de l'horreur pour le vice foit que l'on rende hommage à la vertu , on ne le fait d'ordinaire qu'au moins pour fe faire honneur de fon difcernement ; cependant ce font quelquefois des fentimens naturels réveillés en nous par un mouvement indélibéré , fans que nous faffions aucun retour fur l'intérêt que nous pouvons y avoir.

RÉFLEXIONS MORALES. Id.

Ce n'eſt d'ordinaire que dans les petits intérêts où nous prenons le hazard de ne pas croire aux apparences. P. 159.

CRITIQUE.

Nous fommes trop clair-voyans fur nos intérêts pour en croire fi aifément aux apparences , fur-tout en ce qui nous touche le plus. Ceci contredit le raffinement de notre amour propre, toujours très-éclairé lorfqu'il s'agit de procurer notre bien. Sans ceffe attentif aux moindres occafions de le faire, eft-il croyable qu'il voulût négliger les plus grandes en s'arrêtant aux fimples apparences? On fe trompe à la vérité, quelquefois dans les affaires les plus confidérables ; mais ces erreurs font rares, & ne proviennent que du peu d'étendue de notre génie qui ne peut tout prévoir : & , comme ces fortes de fautes font éclatantes , à caufe des circonftances qui les accompagnent, on les remarque davantage, on en retient plus long-tems le fouvenir. De-là l'idée qu'on fe forme qu'il eft plus aifé de fe laiffer furprendre dans de grands que dans de petits intérêts. De-là fans doute le fondement de la propofition que je difcute.

D vj

RÉFLEXIONS MORALES.

JUGEMENT.

Rien n'est plus foible & moins raisonnable que de soumettre son jugement à celui d'autrui sans nul application du sien. P. 160.

CRITIQUE.

Cela est vrai lorsqu'il s'agit de choses sérieuses, mais dans les indifférentes rien de plus raisonnable que de soumettre ainsi son jugement; &, loin qu'on doive trouver de la foiblesse à une telle conduite, c'est au contraire une complaisance très - bien placée : agir autrement , ce seroit ou opiniâtreté , ou du moins une occupation ridicule de son jugement.

RÉFLEXIONS MORALES.

JUSTICE.

La justice n'est qu'une vive apprehenſion qu'on ne nous ôte ce qui nous appartient. P. 161.

CRITIQUE.

Si telle eſt la juſtice, comment définira t-on l'intérêt? De tout tems par le mot d'*interêt* on a compris le deſir d'acquérir, & la crainte de perdre; mais il faut à préſent changer d'idée, ſi la juſtice n'eſt autre choſe qu'une vive appréhenſion qu'on ne nous ôte ce qui nous appartient: car, ou la juſtice & l'intérêt ſont deux termes ſynonimes & employées indiſtinctement pour ſignifier la même choſe, ou bien ils ont chacun une différente ſignification. S'ils étoient ſynoni-

mes on pourroit les expliquer l'un
par l'autre ; mais ils ont chacun
leur fignification différente. Et
quelle fera donc celle du mot d'intérêt, puifqu'il lui faudra une autre
définition que celle qu'on donne
ici à la juftice ? Il eft naturel de
penfer que l'Auteur en forçant fes
idées, s'eft tout-à-fait trompé dans
fa propofition. Il a voulu fronder
cette juftice commune à bien des
hommes, qui en effet n'eft qu'une
compenfation anticipée du bien
qu'ils défirent, comme s'il n'étoit
plus dans le monde de ces perfonnes qui poffédaffent cette vertu
qui fait rendre à chacun ce qui lui
appartient fans efpérance de retour. Il ne s'eft pas d'ailleurs clairement expliqué, & fa propofition
eft trop générale.

REFLEXIONS MORALES.

LOUANGES.

Le refus des louanges est un désir d'être loué deux fois. P.167.

CRITIQUE.

Sans parler de la modestie & de l'humilité des Saints, la modestie des sages, des hommes d'esprit & de bon sens leur fait refuser les louanges qu'on veut leur donner sans avoir en vue de s'attirer de doubles louanges. Leur raison leur fait assez concevoir le vuide de ces éloges, & que leur récompense se trouve abondamment dans leur mérite. J'avoue qu'on n'est pas insensible aux louanges, mais le sage s'en passe volontiers.

REFLEXIONS MORALES.

Maux.

La Philosophie triomphe aisément des maux passés & des maux à venir, mais les maux présens triomphent d'elle. P. 1.

Critique.

Je soutiens qu'elle triomphe également des maux présens, s'ils ne sont point excessifs. Un peu de réflexion sur la nécessité de souffrir, imposée à la condition humaine; sur l'inutilité des plaintes & de l'affliction, sur-tout quand les maux sont ou nécessaires ou irréparables: enfin sur l'impossibilité de corriger ces disgraces, fait qu'on les supporte avec patience, qu'on se les rend plus légeres, qu'enfin l'on en triomphe par la force de

ſa raiſon, ſelon ce que dit Horace :

Durum ! ſed levius fit patientiâ
Quidquid corrigere eſt nefas.

REFLEXIONS MORALES. Id.

Il y a un excès de biens & de maux qui paſſe notre ſenſibilité. P. 172.

CRITIQUE.

Ailleurs (page 66) il eſt dit : « qu'on n'eſt jamais ſi heureux, ni « ſi malheureux qu'on s'imagine ». La contradiction eſt manifeſte, & n'a pas beſoin de preuves.

REFLEXIONS MORALES.

MÉDISANCE.

On eſt d'ordinaire plus médi-ſant par vanité que par malice. P. 173.

CRITIQUE.

Cette propoſition eſt peu juſte ;

il eſt ſûr que la malice fait les frais
de la médiſance , du moins autant
que la vanité ; avec cela de plus,
que la malice joint à la médiſance des traits piquans que n'y
ajouteroit pas la vanité ſeule. La
vanité ſe contente de médire ; mais
la malice, ſemblable à la ſangſuë
dont parle Horace dans un autre
ſens , va juſqu'à s'enivrer du ſang
de celui qu'elle pique.

> Non miſſura cutem , niſi plena cruoris ,
> Hirudo.   *Hor. Art. Poët.*

Enfin la malice étant inſéparable-
ment accompagnée de la vanité ,
ſes effets doivent être plus conſidé-
rables que ceux de la vanité ſeule,
par la raiſon de l'axiôme latin ,

> Vis unita fortior.

REFLEXIONS MORALES.

MÉPRIS.

Il n'y a que ceux qui sont mé-prisables qui craignent d'être méprisés. P. 174.

CRITIQUE.

La note marginale dit que « se-» lon cette maxime, les présomp-» tueux seroient très - estimables, » eux qui ne craignent pas d'être » méprisés : elle ajoute, qu'il seroit » plus vrai de dire , que ceux - là » sont les plus méprisables qui ne » craignent point d'être méprisés ». Il semble que tous les deux se trompent, aussi-bien le Commen-tateur que l'Auteur. Les plus mé-prisables craignent les mépris ; les présomptueux , quoiqu'ils ne se croient pas méprisables , craignent

cependant les mépris plus que personne, & y sont en effet les plus
sensibles, s'il leur arrive d'être méprisés : enfin il n'est personne qui
ne craigne plus ou moins le mépris, comme étant tous enivrés
par l'amour propre ; si l'on excepte
les vrais humbles, qui loin d'être
sensibles au mépris, le recher-
chent plutôt qu'ils ne le craignent.

REFLEXIONS MORALES.

MÉRITE.

*Le mérite des hommes a sa
saison aussi-bien que les fruits.*
P. 179.

CRITIQUE.

Le vrai mérite est toujours de
saison, il est de tous les tems & ne
vieillit jamais ; à quelques viciffi-
tudes que soient sujets les senti-

mens, quelque que ſoit la variété des opinions, le mérite eſt toujours mérite, & les gens ſages lui rendent toujours hommage : en un mot, ſelon notre Auteur même, s'il eſt une fois tel qu'il doit être, il eſt toujours comme il doit être.

RÉFLEXIONS MORALES. Id.

On ne doit pas juger du mérite d'un honnête homme par ſes grandes qualités, mais par l'uſage qu'il en ſçait faire. P. 180.

CRITIQUE.

Juger ainſi, c'eſt courir les riſques des circonſtances qui dérangent ſouvent les projets de l'homme du monde le plus prudent, & par conſéquent l'uſage qu'il pourroit faire de ſes grandes qualités ; des incidens autant difficiles à prévoir que réellement imprévus, renversent quelquefois les desseins les mieux conçus. Juger alors du mérite par l'usage que l'on aura fait de ses qualités dans son entreprise, ce sera juger sur les apparences. Quoi de plus susceptible d'erreur qu'un tel jugement ?

RÉFLEXIONS MORALES.

MODÉRATION.

La modération des personnes heureuses vient du calme que la bonne fortune donne à leur honneur. P. 181.

CRITIQUE.

Ce calme de notre humeur causé par notre bonne fortune, influe souvent, il est vrai, sur notre modération ; mais je ne crois pas que ce soit une régle qui ne puisse pas recevoir d'exception. Il me femble au contraire qu'elle peut auffi-bien venir dans plufieurs de la penfée qu'il eft bien des perfonnes, avec autant & plus de mérite qu'eux, qui ne jouiffent pas d'un fort auffi heureux. Ainfi penfe quiconque fçait compter avec foi-même & fe rendre juftice.

RÉFLEXIONS MORALES.

MORT.

Si la fréquente penfée de la mort ne nous rend pas plus gens de bien, au moins elle nous doit rendre plus modérés, moins ava-res, & moins ambitieux. P. 183.

CRITIQUE.

Qu'eft-ce que d'être plus mo-dérés, moins avares, & moins am-bitieux, finon être plus gens de bien ? Etre plus gens de bien n'eſt autre choſe qu'avoir moins de dé-fauts, ſelon la penſée d'Horace :

Vitiis nemo ſine naſcitur , optimus ille eſt ,
Qui minimis urgetur.

RÉFLEXIONS MORALES. Id.

Le mépris d'une mort aſſurée, ſans le chriſtianiſme , ne mérite ni l'admiration, ni la gloire qu'on lui donne ; & en vérité , à y re-garder de près , c'eſt plutôt ex-travagance que grandeur & fer-meté d'ame. P. 183.

Critique.

Ce mépris de la mort ſans le chriſtianiſme, ne mérite, à la vérité, ni autant de gloire, ni autant d'ad-miration, que lorſqu'ils ſe trouvent réunis ; mais dire qu'il ne mérite
abſolument

absolument ni gloire, ni admiration, & que c'est extravagance plutôt que grandeur & fermeté d'ame, c'est certainement outrer la matière. Entre mille exemples à jamais mémorables d'un tel mépris de la mort, on peut citer ceux de Socrate & de Sénéque, qui l'un & l'autre dans leur fin tragique, montrèrent une constance & une égalité d'ame, dignes assurément de louange ; & qui ne nous laissent rien à regretter, sinon que le Christianisme n'ait pas, au lieu de leur Philosophie, servi de motif à leur générosité. Tout cependant sembloit concourir à abattre leur courage : l'injustice de leurs persécuteurs devoit les faire répandre en plaintes amères. La légèreté des hommes, qui les porte d'abord à croire un homme coupable dès

qu'il eſt condamné, devoit morti-
fier & déſeſpérer leur orgueil. Rien
néanmoins de plus oppoſé à ces ſentimens que ceux qu'ils firent paroître : ce ſont des faits avérés de
tout tems ; mais il eſt plus aiſé de
nier que d'adopter des choſes dont
on ne ſe ſent pas capable.

RÉFLEXIONS MORALES. Id.

*Peu de gens connoiſſent la
Mort.* P. 183.

Critique.

Perſonne ne connoît la mort.
Pour la connoître il faudroit être
mort ſoi-même, ou avoir reçu une
relation fidelle de quelqu'un qui
l'auroit éprouvée. L'un & l'autre
eſt également hors de notre portée.

RÉFLEXIONS MORALES.

MORTIFICATION.

Les véritables mortifications font celles qui ne font point connues, la vanité rend les autres faciles à souffrir. P. 189.

CRITIQUE.

Cela eſt plus vrai des mortifications du corps que de celles de l'eſprit; quoiqu'il y ait cependant des mortifications corporelles que l'on ne ſouffre pas volontiers, quand on croit en être humilié. Mais pour les mortifications ſpirituelles, il n'y a que les vrais dévots qui les agréent en public, encore ont-ils beaucoup à combattre leur amour propre qui s'y oppoſe de toutes ſes forces. Il s'en faut donc bien que la vanité rende toujours les mortifications publiques faciles à souffrir.

RÉFLEXIONS MORALES.

NOBLESSE.

La source de la noblesse s'affoiblit & s'altère en s'éloignant. P. 191.

CRITIQUE.

Cette pensée est un peu trop générale. Quelque connoissance de l'Histoire apprendra qu'on a vu assez souvent d'illustres rejettons de nobles familles, qui avoient vieilli long-tems dans l'obscurité, qui ont fait revivre en eux la gloire & la vertu de leurs ancêtres; d'autres qui nés de familles nobles, anciennes, mais peu distinguées, les ont élevées eux-mêmes au plus haut point de splendeur, & en sont devenus, pour ainsi dire, les auteurs,

RÉFLEXIONS MORALES.

Nouveauté.

On aime tellement toutes les choses nouvelles, & les choses extraordinaires, qu'on a même quelque plaisir secret par la vue des plus tristes & des plus terribles événemens, à cause de leur nouveauté & de la malignité naturelle qui est en nous. P. 193.

Critique.

Je défie bien que ce plaisir secret dont on parle ici se trouve dans les personnes qui sont intéressées aux tristes & terribles événemens en question. Leur nouveauté alors ne leur sert de rien pour les faire agréer, & notre malignité ne s'étend pas jusques sur nous mêmes.

E iij

RÉFLEXIONS MORALES.

ORGUEIL.

L'orgueil est égal dans tous es hommes , & il n'y a de différence qu'aux moyens & à la manière de le mettre au jour. P. 197.

CRITIQUE.

L'orgueil naît égal dans tous les hommes, cela est vrai, mais la Religion qui le corrige dans quelques-uns & le déracine du moins en partie , empêche qu'il ne demeure égal en tous. De cette façon les moyens & la manière de le mettre au jour sont les effets du plus ou du moins de ce qui en reste.

RÉFLEXIONS MORALES. Id.

L'orgueil ne veut pas devoir , &

l'amour propre ne veut pas payer.
P. 197.

CRITIQUE.

Cependant l'amour propre veut montrer de la générosité, de sorte qu'en payant il retrouve d'un côté ce qu'il perd de l'autre.

RÉFLEXIONS MORALES. Id.

Le même orgueil qui nous fait blâmer les défauts dont nous nous croyons exemts, nous porte à mépriser les bonnes qualités que nous n'avons pas. P. 198.

CRITIQUE.

Si cela est quelquefois vrai de l'orgueil, il est encore plus vrai que souvent il nous fait imaginer en nous des qualités qui n'y furent jamais, & que nous seuls y voyons;

E iv

ou, s'il ne peut nous faire tomber dans cette erreur, il nous porte du moins à tâcher de les acquérir pour n'avoir perſonne au-deſſus de nous.

REFLEXIONS MORALES.

PARESSE.

C'eſt ſe tromper que de croire qu'il n'y ait que les violentes paſſions, comme l'ambition & l'amour, qui puiſſent triompher des autres. La pareſſe, toute languiſſante qu'elle eſt, ne laiſſe pas d'être ſouvent la maîtreſſe. P. 200.

CRITIQUE.

Plus haut il eſt dit que la pareſſe eſt la plus ardente de toutes les paſſions. Comment peut on faire accorder l'*ardeur* & la *langueur*, & les ſuppoſer toutes deux à-la-fois dans la même paſſion ? Il ſeroit mieux de la dire ſeulement languiſ-ſante. Il eſt inutile de lui prêter ſi gratuitement une ardeur qu'elle n'a jamais ; puiſque d'ailleurs ſa langueur ſeule eſt plus que ſuffiſante pour lui faire opérer tous les effets qu'elle produit.

RÉFLEXIONS MORALES. Id.

Nous avons plus de pareſſe dans l'eſprit que dans le corps. P. 201.

CRITIQUE.

L'eſprit eſt le même dans tous les hommes, le corps ſeul eſt dif-férent. C'eſt du plus ou moins d'obſtacles qui ſe trouve dans les organes du corps, que provient a pareſſe plus ou moins grande de l'eſprit.

E v

RÉFLEXIONS MORALES.

PARLER.

On aime mieux dire du mal de foi-même que de n'en point parler. P. 202.

CRITIQUE.

Cette maxime n'eſt pas ſi répandue que la propoſition paroît l'inſinuer. Il y a un bien plus petit nombre de perſonnes qui parlent mal d'elles-mêmes, que de celles qui n'aiment ni en parler mal, ni en entendre mal parler.

RÉFLEXIONS MORALES.

PASSION.

L'homme le plus ſimple, qui a de la paſſion, perſuade mieux que le plus éloquent qui n'en a point. P. 204.

CRITIQUE.

Ce moyen de perſuaſion eſt bon
à l'égard du peuple ; mais il eſt
ſouvent inutile à l'égard des gens
d'eſprit, que le vrai ſeul peut toucher. C'eſt donc inutilement que
l'Orateur emploie avec eux tous
les traits d'un homme pénétré de
ſa harangue ; s'il ne parle & juſte
& vrai, ils ſont inſenſibles.

RÉFLEXIONS MORALES. Id.

*Il y a dans le cœur humain
une génération perpétuelle de paſſions , enſorte que la ruine de
l'une eſt preſque toujours l'éta-
bliſſement de l'autre.* P. 204.

CRITIQUE.

Je n'admets point cette génération perpétuelle de paſſions : elles
ſont toutes nées avec nous, & la

ruine de l'une ne produit en nous rien de nouveau. Ce qui eſt vrai, c'eſt qu'elles ne peuvent avoir toutes enſemble la même force , & que les plus violentes font taire les plus modérées , juſqu'à ce que la deſtruction des premières laiſſe le champ libre aux ſecondes pour étendre plus profondement leurs racines , pour prendre des forces & régner à leur tour.

RÉFLEXIONS MORALES. Id.

Les paſſions en engendrent ſouvent qui leur ſont contraires ... On eſt ſouvent ferme par foibleſſe , & audacieux par timidité. P. 204.

CRITIQUE.

Encore une fois les paſſions ne s'engendrent pas ainſi mutuelle

mēnt. A la bonne-heure que l'a-
varice fuccéde à la prodigalité, &
la prodigalité à l'avarice ; mais
l'une ne peut abfolument être le
principe de l'autre. La raifon eft
que tout principe influe de fon être
dans l'effet qu'il produit , & que
fûrement ces paffions , fur-tout
celles qui font auffi oppofées que
l'avarice & la prodigalité , ne fe
donnent rien l'une à l'autre. Il eft
donc plus fûr & plus exact de dire
que par la légèreté de notre nature nous paffons de la foibleffe
à la fermeté , & de la timidité à
l'audace.

RÉFLEXIONS MORALES. Id.

*Quelque foin que l'on prenne
de couvrir fes paffions , par des
apparences de piété & d'honneur,*

elles paroissent toujours à travers ces voiles. P. 204.

CRITIQUE.

Cette pensée est manifestement contredite par cette autre de la page 273. « Cette maxime, que les » choses les plus cachées sont enfin » découvertes, est du moins fort » incertaine ». Car si, selon l'une, il est fort incertain que les choses les plus cachées soient à la fin découvertes, comment se fait-il que les passions paroissent *toujours* à travers ces voiles, quelque soin que l'on prenne de les couvrir ? A quoi faudra-t il s'en tenir ?

RÉFLEXIONS MORALES. Id.

Ceux qui ont de grandes pas-sions, se trouvent toute leur vie heureux, & malheureux d'en être guéris. P. 205.

CRITIQUE.

Ce bonheur doit être pris de la nature des paſſions. Si ce ſont des paſſions inquiétes, chagrines, turbulentes, on eſt plutôt heureux d'en être guéri, malheureux de les avoir.

RÉFLEXIONS MORALES.

PÉNÉTRATION.

Le plus grand défaut de la pénétration n'eſt point de n'aller point au but, c'eſt de le paſſer. P. 206.

CRITIQUE.

Ici notre Auteur contredit le principe connu, ſuivant lequel il y a autant de mal à excéder qu'à manquer : car toute la différence qu'il y a entre un esprit qui passe le but, & un autre qui n'y arrive pas, c'est que l'un péche, *per defectum*, disent les scholastiques, & l'autre *per excessum*.

RÉFLEXIONS MORALES.

La Persévérance.

La persévérance n'est digne ni de blâme, ni de louange; parce qu'elle n'est que la durée des goûts & des sentimens., qu'on ne s'ôte & qu'on ne se donne point. P. 207.

Critique.

Cette réflexion est manifestement contraire à cette parole de Jesus-Christ (*Matth. c.* 10.) celui qui persévérera jusqu'à la fin sera sauvé.

Qui perseveraverit usque in finem , hic salvus erit. Il n'en faudroit pas davantage pour la faire rejetter toute entière : j'en apporterai cependant encore une autre raison. Elle est prise des combats que nous soutenons contre le flux & le reflux de nos passions , lorsque nous voulons persévérer dans la pratique de la vertu. N'est-il pas vrai que nous nous donnons alors , autant que notre foiblesse nous le permet, cette durée de goûts & de sentimens qui fait la persévérance ?

RÉFLEXIONS MORALES.

Philosophes , &c.

Le mépris des richesses étoit dans les Philosophes un desir caché de venger leur mérite de l'injustice de la fortune par le mé-

pris des mêmes biens dont elle les privoit. P. 208.

CRITIQUE.

Il s'est trouvé des Philosophes, nés avec de grands biens qui les ont méprisés ; d'autres qui n'en auroient pas manqué, s'ils eussent voulu recevoir ceux qu'on leur offroit. Dira-t-on que leur mépris des richesses renfermoit un desir caché de venger leur mérite de l'injustice de la fortune ? N'étoit-ce pas plutôt un effet de la connoissance qu'ils avoient de l'inutilité de ces mêmes richesses qu'ils méprisoient ? Ils n'ignoroient pas que ceux qui les possédent en deviennent, pour ainsi dire, esclaves ; & ils dégageoient leur esprit de ces biens terrestres pour jouir toujours de leur liberté.

REFLEXIONS MORALES.

PLAIRE.

Un homme à qui personne ne plaît, est bien plus malheureux que celui qui ne plaît à personne. P. 210.

CRITIQUE.

Celui à qui personne ne plaît, se plaît à lui - même, & fait tout seul sa félicité : au lieu que tel qui ne plaît à personne se déplaît à lui-même, & ne trouve nulle part son bonheur.

REFLEXIONS MORALES.

PROCHAIN.

La plus grande partie des plaintes que l'on fait contre son prochain, viennent du peu de réflexion que l'on fait sur soi-même. P. 212.

Critique.

Elles viennent de ce que l'on fait trop de réflexion sur le prochain, qui, comme nous, a ses défauts.

RÉFLEXIONS MORALES.

Prudence.

La prudence & l'amour ne font pas faits l'un pour l'autre ; à mesure que l'amour croît, la prudence diminue. **P. 213.**

Critique.

Cette proposition n'est pas exactement vraie de tous les Amans ; il en est tous les jours dont l'adresse trompe les plus clair-voyans ; & cette adresse est une suite de leur prudence.

RÉFLEXIONS MORALES.

QUALITÉS.

Il y a de bonnes qualités qui dégénèrent en défauts quand elles font naturelles. **P. 215.**

CRITIQUE.

Ce n'eſt point que ces bonnes qualités dégénèrent en défauts ; mais c'eſt que les défauts en prennent la place, ou, régnant avec elles, ils viennent à bout de les obſcurcir.

REFLEXIONS MORALES.

RAISONNEMENT.

La cauſe de preſque tous les mauvais raiſonnemens eſt que l'on n'enviſage qu'une partie de la queſtion ; pour raiſonner juſte il faut la concevoir dans toute son étendue. P. 219.

CRITIQUE.

Il y a bien des queſtions que l'on n'a jamais pu encore aſſez approfondir pour les concevoir dans toute leur étendue. Cela n'a cependant pas empêché qu'on ne les ait traitées exactement par partie ; parce qu'en effet il n'eſt pas néceſſaire pour raiſonner juſte, d'enviſager une queſtion dans toutes ſes forces, il ſuffit de bien conſidérer celle que l'on enviſage, & de ne s'en point écarter en la traitant.

REFLEXIONS MORALES.

REPOS.

Quand on ne trouve pas ſon repos en ſoi-même, il eſt inutile de le chercher ailleurs. P. 224.

CRITIQUE.

Ce n'eſt ni dans les autres, ni dans nous-mêmes que nous devons chercher notre repos; c'eſt en Dieu ſeul. Nous ne pouvons même le trouver ailleurs; & telle étoit la penſée de S. Auguſtin lorſqu'il diſoit notre cœur eſt toujours dans l'inquiétude & dans le trouble, ô mon Dieu, juſqu'à ce qu'il repoſe en vous. *Irrequietum eſt cor noſtrum, Domine, donec requieſcat in te.*

RÉFLEXIONS MORALES.

RÉPUTATION.

Quelque honte que nous ayons méritée, il eſt preſque toujours en notre pouvoir de rétablir notre réputation. P. 226.

CRITIQUE.

Les mots *preſque toujours* de cette

proposition font un correctif bien néceffaire, mais qui n'eft pas encore entiérement fuffifant ; car il eft certain que notre réputation dépend toujours de l'opinion des hommes, que nous ne gouvernons pas à notre gré.

REFLEXIONS MORALES.

RIDICULE.

Le ridicule deshonore plus que le deshonneur. P. 224.

CRITIQUE.

Cette propofition préfente un fens faux ; car rien affurément de plus deshonorant que le deshonneur même : cependant elle fe trouve jufte en la prenant au fens que lui donne un Auteur (1) beaucoup

---

(1) Cet Auteur eft celui de l'*Avis d'une Mere à fon Fils.*

coup plus moderne, qui, au lieu
de ce qu'on vient de lire, fait dire
au nôtre « que le deshonorant
» offenſe moins que le ridicule ».
Mais je ſoutiens que la propoſition eſt, ou mal exprimée, ou
fort éloignée du ſens qu'on lui
donne.

RÉFLEXIONS MORALES.

Rois.

Les Rois font des hommes comme des piéces de monnoie : ils les font valoir ce qu'ils veu-lent ; & on eſt forcé de les rece-voir ſelon leur cours, & non pas ſelon leur véritable prix. P. 228.

Critique.

Les gens ſages, dans leurs juge-mens, n'ont égard ni au crédit ni à la faveur. Ils eſtiment les choſes

felon leur mérite & leur valeur in-
trinféque , & non felon le prix
qu'on leur donne.

RÉFLEXIONS MORALES.

Sentimens.

Il eft plus difficile de diffimuler les fentimens qu'on a , que de feindre ceux que l'on n'a pas.
P. 134.

Critique.

La facilité eft égale de part &
d'autre. Ces deux chofes font même
inféparables ; parce que l'homme
ne pouvant non plus être fans fentimens, qu'un bâton fans deux bouts,
il ne peut diffimuler certains fentimens qu'il n'en feigne d'autres.
Il ne peut, par exemple, diffimuler
fa colère qu'il ne feigne de la modération.

REFLEXIONS MORALES.

Société.

Les hommes ne vivroient pas long-tems en société s'ils n'étoient les dupes les uns des autres. P. 236.

Critique.

Les seules sociétés & amitiés durables sont celles qui sont fondées sur la vertu & la probité. On peut voir à ce sujet le Traité de l'amitié de Cicéron. A coup sûr celles dont il parle ne sont pas fondées sur des erreurs réciproques, comme lorsqu'on est dupe les uns des autres.

REFLEXIONS MORALES.

Tromperie.

L'intention de ne jamais tromper expose à être souvent trompé. P. 240.

CRITIQUE.

Cette penſée eſt juſtement la juſtification d'une de mes remarques précédentes. On peut revoir ce que j'ai dit à l'article *Fineſſe*.

RÉFLEXIONS MORALES.

VALEUR.

On ne voit point d'homme qui faſſe tout ce qu'il ſeroit capable de faire dans une occaſion, s'il étoit aſſuré d'en revenir. P. 244.

CRITIQUE.

Cela ſeroit vrai ſi, dans l'action, les Guerriers penſoient au danger qu'ils courent. De leur aveu, ce n'eſt qu'au premier moment qu'ils ſe le repréſentent. Mais, cet inſtant eſt-il paſſé, ils ne ſe trouvent pas même en ſituation d'y pouvoir faire attention.

REFLEXIONS MORALES.

VIOLENCE.

Les violences que l'on nous fait nous font souvent moins de peine, que celles que nous nous faisons nous-mêmes. P. 252.

CRITIQUE.

De quelle espéce sont ces violences dont parle l'Auteur ? Car il est sûr que notre amour-propre est toujours plus blessé de ce que les autres nous font en cette matière, que de ce que nous nous faisons nous - mêmes de notre plein gré. Il faut donc que la pensée de notre Auteur soit obscure, ou peu juste.

Voilà, M., toutes les remarques que j'ai faites sur le Livre des *Réflexions. Morales;* je souhaite qu'elles soient de votre goût.

Je suis, M.

Votre, &c.

APPROBATION.

J'Ai lu par ordre de Monseigneur le Chancelier, un Manuscrit intitulé : *Lettre à M. de S. R. sur les Réflexions Morales mises en ordre par M. Amelot de la Houssaye.* Je n'y ai rien trouvé qui puisse en empêcher l'impression. A Paris, le 5 Octobre 1769.

RIBALLIER, *Censeur Royal.*

Le Privilége est à l'Exposition abregée des Caractères de la vraie Religion.

DE L'IMPRIMERIE DE Ph. D. PIERRES, Imprimeur du Grand-Conseil du Roi.